"역량평가와 역량개발을 위한 매뉴얼"

제4차 산업혁명 시대의 HRD 솔루션

인바스켓 트레이닝

설동조 지음

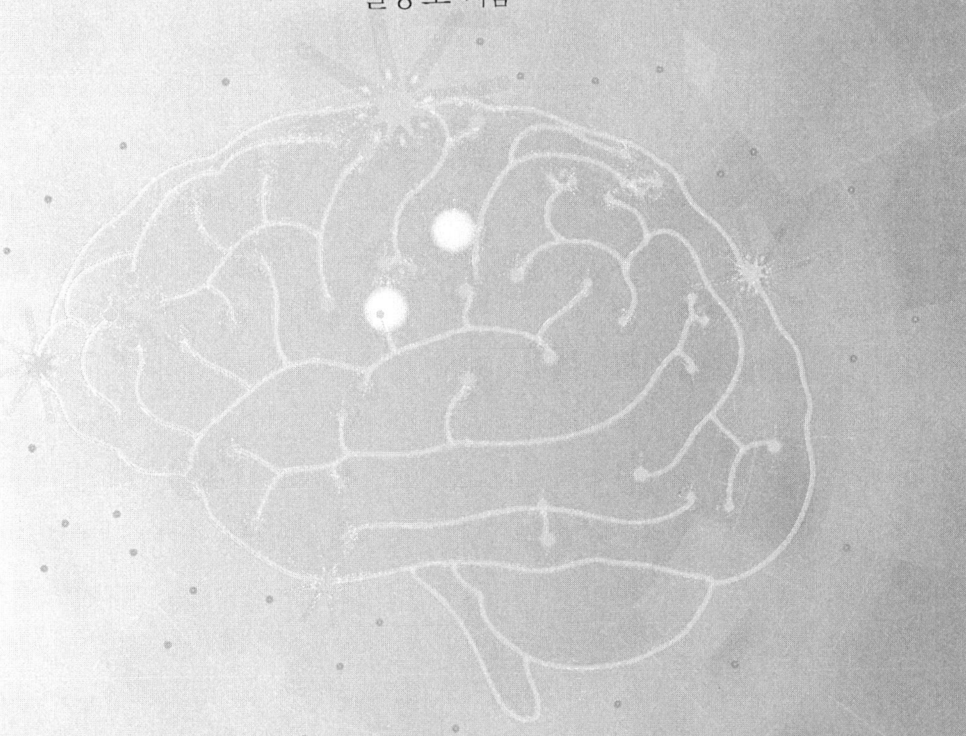

교우미디어

서 문

인바스켓은 미국, 캐나다, 영국, 독일, 호주, 일본 등의 선진국에서 인사평가와 고과, 인재교육 등에 사용하고 있으며, 특히 일본에서는 동양적인 정서에 맞게 문제를 개발하여 대기업뿐만이 아니라 중소기업에서도 적극적으로 도입하여 활용하고 있다.

우리나라는 인바스켓을 2011년 공공부문에서 역량평가(Assessment Center)라는 타이틀로 도입한 후 점차 확대 실시되고 있지만, 민간부문에서는 얼마 전부터 도입하기 시작했다. 그러다 보니 역량평가에 대해서는 많이 알고 있지만, 인바스켓은 모르는 경우가 대부분이다.

그리고 역량평가가 도입되면서 당연하게 실시되어야 할 역량개발(DC: Development Center)이 전혀 이루어지지 않고 있는데, 이러한 상황에서 반드시 필요한 효율적인 툴이 인바스켓이다.

제4차 산업혁명 등을 비롯한 격변하는 경제환경의 변화, 관리범위의 광역화 등 일반기업의 관리자와 리더에게 그 어느 때보다 고도의 직무 수행력이 요구되는 시대가 되면서 역량평가, 즉 인바스켓은 세계적으로 확대되어 실시되는 추세이다.

인바스켓은 가공의 회사에서 근무하며, 새로운 직책에 임명되어 그 직책의 당사자가가 되어 업무를 수행하는 방식으로 이루어진다. 좀더 구체적으로 설명하면 수행해야 할 직책의 전임자가 남긴 업무(안건)를 제한시간 내에 얼마나 적절하게 처리할 수 있는가가 과제이며, 처리방법과 처리내용에 따라 당사자의 역량과 발휘의 정도를 측정한다.

어떠한 역할을 수행한다는 점에서 롤플레이적인 요소, 시뮬레이션 게임적인 요소, 또한 비즈니스 게임적인 요소 등을 활용하여 제4차 산업혁명에서 필요로 하는 문제해결력, 창의력 등을 계발하고, 측정할 수 있다.

매년 열리는 다보스 포럼에서 발표된 '미래 고용 보고서'라는 발표에서 요구되는 교육목표 1위로 '문제해결력'을 꼽았다. 2위에서 5위까지는 '비판적 사고', '창의력', '사람관리', '협업력' 등이 선정되었다고 한다.

따라서 문제해결력, 비판적 사고, 창의력 등을 갖춘 인재가 제4차 산업혁명을 주도할 것으로 전망되고 있어 앞으로 인바스켓의 필요성이 더욱 절실히 요구될 것이다.

지금까지의 인사평가나 고과에서는 성과를 중심으로 하는 정량적인 데이터를 중시하였지만, 앞으로는 인간의 역량을 중시하는 평가와 고과가 중시될 것이다. 다시 말해 타인을 지휘하거나 명령하는 역할이 아니라, 조직 구성원들과 함께 매력적인 비전을 공유함으로써 조직에 생명력과 활력을 불어넣는 역할과 이러한 환경조건을 조성하는 역량을 평가하는 것이다.

하지만 지금까지의 정량적인 인사평가나 고과만으로는 충분하지 못하므로 정성적인 평가와 교육이 추가되어야 한다. 이때 필요한 다양한 조건을 고려할 수 있는 정성적인 인사 데이터의 제공과 교육이 인바스켓 프로그램으로 가능하다.

인바스켓 교육의 핵심은 학습자가 중심이 되어 과제의 해결책을 찾기 위해 협동하여 진행하는 학습으로, 학습자가 중심이 되어 토론하면서 심층적으로 학습하기 때문에 창의적 문제해결 역량을 키우는 평가 및 교육 프로그램이다. 바꾸어 말하면 지금까지의 주입식 교육인 인풋(Input)형 교육이 아니고, 해결책을 모색하고 대책을 세울 수 있는 아웃풋(Output)형 교육인 것이다.

우리는 업무수행 중에도 '시간이 없어서 할 수 없다', '열심히 해도 안 된다', '지시를 받지 않아서 할 수 없다'는 등의 말을 습관적으로 하거나, 고민하고 있다. 그렇지만, 인바스켓 사고는 항상 태스크에 쫓기고 있는 사람이나 신속한 결단이 요구되는 관리직 등 기업 활동에 관련되는 모든 사람에게 도움을 줄 수 있다.

특히 인바스켓 사고를 학습함으로써 익힐 수 있는 장점을 예로 들면 다음과 같다. 관리직은 일상의 태스크에 쫓기는 것은 물론이고, 돌발적인 업무에 쫓기는 경우도 많은데, 인바스켓 사고를 몸에 익힘으로써 이렇게 쌓인 업무를 효율적으로 우선순위를 매겨 수행할 수 있게 된다. 더구나 관리직은 인바스켓 사고를 트레이닝 함으로써 부하직원의 사고습관과 자신이 있는 분야를 파악할 수 있다.

또한 신입사원은 상사의 지시가 없으면 움직이지 못하는 경우가 많은데, 인바스켓 사고를 트레이닝 함으로써 자신이 직면한 업무의 목적을 이해하고, 달성해야 할 작업을 파악할 수 있다.

'새의 눈, 물고기의 눈, 벌레의 눈을 가져라'라는 표현이 있다. 즉, 효과적으로 일을 처리하기 위해서는 3가지 눈을 가져야 한다는 의미인데, 새의 눈은 상공에서 전체를 조감하는 눈이고, 물고기의 눈은 흐름을 읽는 눈이고, 그리고 벌레의 눈은 현장을 보다 세밀하게 파악하는 눈이다. 인바스켓 사고를 익히게 되면 현재만을 보는 것이 아니라, 전체를 보면서, 업무의 흐름을 읽고, 현장의 문제를 파악할 수 있는 시각을 갖추게 된다.

인바스켓 사고의 학습은 관리직 연수에서도 유효하다. 학습 후에 결과를 재검토함으로써 과제와 해결책이 가시화되어 논리적인 판단을 할 수 있다. 돌발적인 트러블이나 업무에도 침착하게 대응할 수 있고, 부하직원에게도 정확한 지시를 내릴 수 있게 된다.

신입사원 연수나 영업사원 연수에서도 인바스켓 사고를 도입하는 기업이 증가하고 있다. 트레이닝을 반복함으로써 업무관리력, 자기관리 역량을 향상시킬 수 있기 때문이다. 그 결과, 사원은 보다 업그레이드된 업무에 도전할 수 있게 되고, 성공체험을 기초로 새로운 실천 목표의 설정이 가능해진다. 인바스켓 사고의 학습으로 사원의 생산성뿐만이 아니라 모티베이션이 향상되어 부서 전체, 나아가서는 기업 전체의 성장으로 연결된다.

따라서 우리나라 모든 기업이 제4차 산업혁명의 선발주자로 나아갈 수 있도록 인바스켓에 의한 인사평가와 고과 등이 이루어지고, 동시에 교육할 수 있는 환경이 조성되기를 기대한다.

마지막으로 인바스켓 효과 등은 쉽게 이해하도록 인바스켓 트레이닝에 번역된 일부 내용을 인용하였다.

2019. 6

저자 **설 동 조**

목 차

목차

1장

인바스켓이란?

1. 인바스켓의 의미

젊은 비즈니스맨에게는 생소하게 들리는 단어이겠지만, 예전에는 부서장의 책상 위에 기결, 미결, 보류 등으로 분류한 결재서류를 넣는 함이 있었는데 이를 결재함, 또는 서류함이라고 하였다.

아날로그적인 결재함의 사용법은 사용하는 사람에 따라 약간 차이는 있지만, 일반적으로 부하직원이 옆이나 앞에서 보고 쉽게 사용할 수 있도록 책상 위에 놓아두고, 결재를 원하는 서류는 미결함에 넣고, 결재가 완료된 서류는 기결함에 넣었다. 그리고 좀더 검토해야 할 경우에는 보류함에 넣어 사용하였다.

현재는 사내 인프라네트워크 상에서 결재가 이루어져 처리되고 있지만, 여전히 디지털 시대에도 이러한 용어는 사용되고 있다.

'인바스켓(In-Basket 또는 In-Tray)이란, 서류를 '기결' '미결' '보류'로 나누어 구분하여 넣어 두는 상자 가운데, '미결재 서류'를 넣어 두는 '미결함'을 의미하며, 결재가 끝난 서류를 넣는 '기결함'은 아웃바스켓(Out-Basket 또는 Out-Tray)이라고 한다.

따라서 인바스켓 프로그램, 또는 인바스켓 테스트는 학습자 또는 피평가자가 결재함을 소유하는 당사자가 되어 '미결재함'에 있는 미처리 안건을 처리한다는 기법을 활용한 프로그램, 또는 테스트이다.

2. 인바스켓은 미공군에서 개발

인바스켓은 1952년에 미국 프린스톤 대학의 ETS(Educational Testing Service)라는 조직이 미공군의 인사교육연구소로부터 '교육훈련이 바람직한 결과를 낳으려면 어떻게 하면 좋은가? 또는, 훈련의 목적이 어느 정도 달성되었는지를 측정하기 위한 좋은 방법은 없는가?'라는 연구의뢰를 받아서 개발되었다.

ETS는 선진 각국의 교육시스템을 리서치 하는 과정에서 독일군의 장교 교육, 영국의 첩보원 교육에 사용하던 기법을 활용하여 1년여의 개발기간을 거쳐서 현재 사용하고 있는 인바스켓 기법을 개발하였다. 개발 이후 실제로 공군사관학교, 공군참모대학 등의 교육기관에서 전원을 대상으로 인바스켓 테스트가 실시되었는데, 다양한 분석을 통하여 학습효과가 확인되었으며, 인바스켓이 유효하다는 평가를 받아 본격적으로 미공군의 관리직 어세스먼트 툴(Assessment Tool)로 사용되었다.

결과에 대한 스코어링 방법도 동시에 개발되었으며, 학습측정의 방법으로 매우 유효하다고 평가되어 민간 기업에도 널리 전파되었다. 그러나 인바스켓 실시 초기에는 선발을 위한 평가적 요소는 약하였고, 오히려 교육 훈련적 요소가 강하였는데, 이를 보완하여 평가적 요소를 강화하기 시작한 것은 1960년 이후이다.

이후 인바스켓은 평가적인 요소가 강한 인사고과에서는 인바스켓 테스트, 교육적인 요소가 강한 교육 프로그램에서는 인바스켓 프로그램으로 사용되었다. 그리고 자기계발적인 측면에서는 인바스켓 트레이닝 등의 다양한 명칭으로 불리고 있으며, 일반적으로는 인바스켓 게임, 인바스켓 기법 또는 인바스켓으로 통칭되고 있다.

다음 장에서 자세히 설명할 예정이지만, 우리나라는 역량평가(AC: Assessment Center)를 도입하면서 인바스켓을 역량평가의 툴로만 이해하고, 협의의 의미로 실시하고 있다.

3. 미국 기업의 도입과 확대

미공군에서 인바스켓 기법의 효과가 확인된 이후, 미국의 민간기업도 인바스켓 기법에 적극적인 관심을 나타내기 시작하였다. 1956년 최초로 미국 전신전화회사(AT&T)가 미공군의 협력을 얻어서 도입하였는데, 목적은 관리자개발 프로그램의 일환으로 사용하기 위한 교육훈련이었다.

AT&T사는 사업규모를 확대하면서 내부적으로 인재가 부족한 상황을 극복하기 위하여 자사에 유익한 인재를 어떻게 육성할 것인지, 또한 인재를 육성할 조직을 어떻게 구축할 것인지, 즉 조직개발을 어떻게 진행시켜 나갈 것인가를 추구하던 시대에 유효한 툴로 높이 평가하였다. 더구나 핵심인재인 관리층의 역량을 어느 정도 향상시킬 수 있는가하는 것은 매우 중요한 과제였고, 매니저 층의 역량을 어떻게 향상시킬 것인가는 기업의 경쟁력을 결정하는데 있어 매우 중요하였다.

이러한 과정에서 인바스켓은 단지 교육훈련의 기법만이 아니라, 관리직의 평가와 선발(인재 어세스먼트)에 유효하다는 것이 인정되어 1958년 평가와 선발을 목적으로 최초로 실시한 기업이 미시간벨(Michigan Bell)사이었다.

이와 같이 인바스켓 프로그램은 인재개발에 효율적이고 효과적이라는 평가를 받고 있으며, 미국 기업의 진지한 대응이 현재까지 이어져 타임지 선정의 톱 1,000대 기업의 60% 이상이 활용하고 있다.

4. 일본 기업의 도입과 확대

미국 민간기업에서 활발하게 도입하여 활용하게 되자, 일본 기업에서도 관심을 보이며 도입하기 시작하였다. 일본에 소개될 당시에는 백화점이나 자동차 메이커, 상사, 전력회사 등 대기업을 중심으로 몇 개사에서 선행하여 실시하였다.

인재 어세스먼트 툴을 사용한 인재평가와 선발이 번잡하고 비용이 많이 들었기 때문에 중견기업과 중소기업 등은 재정적 및 기술적 실정에 맞지 않아 도입을 보류하였는데, 시간이 경과되면서 중소기업도 비용을 감당할 역량이 점차 확충되자 널리 도입하였고, 이제는 채용, 승진, 배치, 평가, 교육 등의 다양한 분야에서 활용하고 있다.

현재는 일본의 리쿠르트사가 고객사에 채용을 추천할 때의 툴로도 사용되고 있으며, 편의점 알바생을 채용할 때에도 각광을 받는 등 대부분의 기업에서 활용하고 있다.

5. 우리나라의 도입 현황

우리나라에서도 POSCO 등의 기업에서 인바스켓 교육을 활용하였으나, 당시의 인바스켓 문제가 내용 중에 텔렉스를 사용한다는 등의 설정이 있어 현실성이 결여되었다는 지적과 함께 교육 스킬의 부족으로 크게 환영을 받지 못하였다. 그러나 한국전력 등에서는 평가 툴로 지속적으로 활용하고 있으며, 최근에 그룹사 등에서도 승진시험으로 활용하기 시작하였다.

또한 2006년 7월부터 고위 공무원 역량평가에서 실시하고 있다. 역량평가(AC: Assessment Center)는 인바스켓(서류함기법)을 중심으로 고위 공무원의 경쟁력을 강화하고 국정관리 역량을 획기적으로 향상시키기 위해서 4급 및 5급 공무원 승진에 도입하여 실시하고 있다.

참고로 고위공무원단 역량모델은 총 6가지 역량을 3개 역량군으로 구분하여 구성되어 있다. 먼저, 사고의 역량군에는 정확한 정보를 통해 문제의 내용을 파악하고, 문제의 핵심을 규명하는 문제인식역량과 목표와 방향을 설정하여 이를 근거로 실행계획을 세우고 의사결정을 하는 전략적 사고역량이다.

다음은 업무의 역량군으로, 주어진 업무를 성공적으로 수행하기 위한 방안을 검토하여 제시하고, 적극적으로 지원하는 성과지향 역량과 환경변화의 내용과 흐름을 이해하고, 개인과 조직이 올바르게 대응하도록 하는 변화관리 역량이다.

마지막으로 관계의 역량군으로, 업무와 관련된 상대방을 고객으로 인식하고 그들의 요구를 충족시키려는 노력과 관련된 고객만족 역량과 이해관계를 균형적인 시각에서 판단하여 합리적인 해결책을 제시하는 조정과 통합의 역량이다.

6. 제4차 산업혁명과 인바스켓

제4차 산업혁명은 2011년부터 개념이 등장하였는데, 마치 제4차 산업혁명을 모르면 시대에 뒤떨어진 사람 같은 느낌을 받는다.

산업혁명을 되돌아 보면, 18세기 영국에서 시작된 제1차 산업혁명은 증기기관의 발명으로 기계화가 급속히 발전하여 제조업의 붐과 함께 관련산업의 일자리를 창출했다. 또한 19세기 후반부터 시작된 제2차 산업혁명은 전기, 철강, 자동차, 통신분야의 혁신을 가져왔고, 대량생산 체제라는 구조적 변화도 이루어졌다. 그리고 20세기 중반부터 시작된 제3차 산업혁명은 반도체, 컴퓨터, 인터넷 등의 기술 발전이 본격화하여 일명 디지털 혁명이 이루어졌으며, 이를 기반으로 21세기부터는 제4차 산업혁명이 태동하게 되었다.

제4차 산업혁명은 이전의 산업혁명과는 다른 특성을 보이고 있다. 기존에 없던 기술의 탄생으로 산업구조가 변화하는 것이 아니라, 융합과 네트워크 플랫폼이 키워드이다. IT 기반의 정보통신기술(ICT)이 각종 산업군과 융합하면서 파괴적인 혁신을 가져오고 있다.

사람과 사물, 사물과 사물이 네트워크로 연결되고, 이때 축적된 빅데이터를 기반으로 인간의 행동 패턴을 예측하여 새로운 가치를 창출하는 시대가 도래하고 있다. 제4차 산업혁명은 디지털, 생물학, 물리학 등 여러 분야의 학문융합을 통한 기술혁명과 경제혁신을 예고하고 있다.

이와 더불어 제4차 산업혁명에 따른 노동시장의 변화도 예측이 가능하여 새로 생겨날 직업을 위한 교육을 하고, 차세대에게 어떠한 역량을 교육시킬 것인가 하는 문제도 대두되고 있다. 제4차 산업혁명이 심화될수록 우리나라에서 현재 실시하고 있는 암기위주의 지식습득은 의미가 없어진다. 왜냐 하면 인터넷에 수많은 정보가 산재되어 있기 때문이다.

따라서 무엇보다도 급변하는 사회와 돌발상황에 대비하여 창의성 교육이 절실히 필요하다. 다시 말해 지금까지의 주입식 교육인 인풋(Input)형 교육이 아니라, 해결책을 모색하고 대책을 세울 수 있는 창의적 문제해결 역량과 소통기반 협력역량을 도출하는 아웃풋(Output)형 교육이 필요하다.

중요한 것은 공유를 통해 보다 높은 수준의 새로운 가치가 창출되도록 인식을 전환해야 한다. 제3차 산업혁명까지는 사람을 기계화된 시스템에 노동력을 제공하는 부품 정도로 여겼기에 대부분의 사람들은 매뉴얼에 따라 움직여 주기만 하면 되었다. 그 대표적인 예로 포드 자동차를 설립한 헨리 포드(Henry Ford)는 노동자들에게 생각하지 말고 매뉴얼에 따라 움직이라고 강요하였다.

그러나 제4차 산업혁명의 시대에는 매뉴얼대로 움직이지 않고, 생각하면서 움직이는 새로운 시대라고 할 수 있다. 단순반복적인 일은 로봇과 인공지능이 대체할 수 있으므로 인간에게 요구되는 일은 창의성, 감성, 그리고 문제해결 역량이다.

따라서 문제해결력, 비판적 사고, 창의성 등을 갖춘 인재가 제4차 산업혁명을 주도할 것으로 전망되며, 이를 위해서는 인바스켓 사고를 트레이닝한 인재가 필요하다.

2장

역량평가(AC: Assessment Center)와 역량개발(DC: Development Center)

1. 인바스켓과 역량평가(AC: Assessment Center)

역량에 대한 다양한 정의가 존재하는데, 1949년 하버드대학 심리학과 교수인 데이비드 맥클랜드(David C. McClelland) 교수는 역량이란 실제 수행상황에서 성공적인 수행을 가능하게 하며, 평범한 수행자와 구분되는 우수한 수행자의 특성이라고 하였다. 이에 따라 주창된 이론이 고성과자(High Performer)들의 내적 속성이라고 할 수 있는데, 총 18개의 역량(밀레니엄 버전)으로 구조화되어 있다. 이는 공부를 잘 할 수 있는지 측정하는 IQ(Intelligence Quotient)와는 전혀 다른 생소한 개념으로 성공 여부를 진단하고 평가하는 방법이다.

역량(Competency)이란, 조직의 구성원이 가지고 있는 지식과 기술, 행동양식, 가치관, 성격 등 다양한 요소들을 종합적으로 활용하여 업무를 성공적으로 수행하는데 반드시 필요한 것이다. 그리고 직무수행 정도를 알아보기 위해 구성원의 역량을 평가하는 제도를 역량평가라고 한다.

역량평가는 크게 평가대상에 따라 구별할 수 있으며, 조직에 대한 업무수행력을 평가할 때에는 조직역량평가라고 하지만, 일반적으로 역량평가라고 하면 구성원 개개인에 대한 직무수행 역량평가를 말한다.

그리고 조직에서 구성원의 역량을 평가하기 위해 평가항목에 따라 내용을 기술한 문서를 역량평가표라고 하며, 역량평가는 인적자원관리에서 인사고과와 같은 제도로 직원의 직무역량을 평가하여 성과를 파악하는데 목적이 있다.

장기적으로 미래성과를 발휘하는 잠재역량에 대한 관심이 증가하고 있으며, 핵심인재 개발과 지원의 강화, 성과주의의 보완을 위한 역량모델을 도입하는 조직이 증가하고 있다.

공공부문과 민간부문의 조직에서 각각 필요로 하는 역량을 설정하여 평가하고 있다. 예를 들면 어느 조직은 고객지향성, 변화주도성, 분석적 사고, 개념적 사고, 인적 네트워크, 보안의식 등 조직의 상황에 맞는 필요한 역량을 평가하고 있는가 하면, 다른 조직에서는 책임감, 문제해결력, 협조성, 기획력, 판단력, 창의력, 자기계발, 업무의 전문지식 등 각각의 조직에서 필요로 하는 역량을 평가하고 있다.

다시 말해 평가대상이 되는 역량이 모든 직무에 공통적으로 적용되는 것이 아니라 조직의 상황, 직종, 직무, 부서 등에 따라 다르게 설정되고 있으며, 역량평가는 채용, 승진, 배치, 역량개발 등 인적자원관리의 여러 분야에서 활용되고 있다. 그리고 교육부문에서의 활용은 일본의 경우에는 활발하게 진행되고 있지만, 우리나라에서는 당사가 처음으로 활용하고 있다.

일본 인바스켓 연구소는 '인재개발 종합평가 시스템'을 개발하였는데, 당사는 일본 인바스켓 연구소와 제휴하여 각각의 조직을 종합적으로 분석하여 공통적으로 필요로 하는 10개 역량에 대한 평가와 교육을 하고 있다. 10개 역량이란 문제발견력, 문제분석력, 창의력, 판단력, 통찰력, 계획조직력, 당사자의식, 휴먼스킬, 생산성, 우선순위 설정력 등의 역량을 말한다.

우리나라에서 실시되고 있는 역량평가의 툴은 IB(In Basket: 서류함 기법), GD(Group Discussion: 그룹 토의), OP(Oral Presentation: 발표), RP(Role Playing: 역할연기) 등의 방법을 기본으로 설정하고 있다. 또한 고위공무원단 평가에서는 서류함기법(In-Basket), 집단토론(Group Discussion), 분석 및 발표(Analysis & Presentation), 인터뷰 시뮬레이션(Interview Simulation), 역할연기(Role Playing) 등으로 평가하고 있지만 이는 단어의 표현을 조금 달리했을 뿐이지 거의 유사한 기법이라 할 수 있다.

당사에서 교육하고 있는 인바스켓 프로그램은 인바스켓(서류함기법) 테스트를 실제 체험하고, 집단토론을 통해서 분석과 발표를 하면서 역할연기를 경험하는 프로그램이다. 이와 함께 피드백을 실시하여 자기개발에 대한 자신감을 갖게 하고, 개발의 방향을 바르게 제시하는 효과적인 방법을 총망라한 선진교육 프로그램으로 인바스켓 기법을 최대한 활용한 교육방법이다. 또한 프로그램의 시간을 조정하여 인터뷰, 시뮬레이션을 추가할 수 있는 커스터마이즈 교육도 가능한 철저한 아웃풋형 교육이다.

따라서 역량평가(AC)와 역량개발(DC)을 체계적으로 실시하는 프로그램은 당사가 유일하다고 할 수 있으며, 역량평가와 역량개발의 목적과 특징은 〈표1〉과 같다.

표1 | AC와 DC의 목적과 특징

구분	역량평가(Assessment Center)	역량개발(Development Center)
목적	채용, 승진, 평가, 배치	교육을 통하여 직무와 관련된 역량의 장단점을 진단하고, 현재 수준과 향후 개발해야 할 갭(Gap)을 파악하여 역량을 개발
특징	피드백 없이 오로지 테스트만으로 평가	교육과정이 진행되는 도중 학습자는 자신의 장단점에 대한 피드백을 받아 스스로 역량개발 계획을 수립하고 실천할 수 있는 계기를 제공
방법	IB(In Basket: 인바스켓) 테스트, GD(Group Discussion: 그룹 토의), OP(Oral Presentation: 발표), RP(Role Playing: 역할연기)	인바스켓 테스트를 실시한 후에 문제지를 활용하여 교육 프로그램을 그룹 토의, 발표, 역할연기 등을 중심으로 진행

2. 역량평가의 국내 도입 사례

21세기에 들어서면서 우리나라도 국제표준(Global Standard)의 기조에 따라 인적자원관리 측면에서 공정한 평가와 인재육성의 중요성이 부각되어 왔다. 인재평가의 방법으로 역량평가 기법은 공공부문 이외에도 삼성, 한화, POSCO, SK텔레콤, KT 등 대기업들이 적극적으로 도입하기 시작하였다. 공공부문에서는 2006년 7월 1일부터 역량평가를 도입할 것을 정하고 고위공무원 후보자들은 역량평가에 통과해야만 고위공무원단에 진입할 수 있게 되었다.

3. 역량평가가 중요한 이유

역량평가가 인적자원관리에 있어 중요한 기준으로 활용되는 이유는 다음과 같은 환경변화에 기인한다. 첫째는 치열한 경쟁환경에서 성과의 중요성 부각, 둘째는 기술혁신으로 인한 직무와 직무수행 방법의 지속적인 변화, 셋째는 인적자원에 대한 관점의 변화와 같은 환경변화에 기인하기 때문이며, 인풋형 인재보다는 아웃풋형 인재를 중심으로 선진기업의 평가 트렌드가 변화하고 있다.

(1) 무한경쟁(Global Competition)

무한경쟁의 환경에서 성과가 중요시 되고, 높은 성과를 결정짓는 요인이 무엇인지에 대한 관심이 높아지면서 행동 특성에 대한 연구가 활발해지기 시작하였다. 높은 직무성과는 개인의 학력이나 지식과 기술 등의 요인에 의해 좌우되는 것이 아니라, 이러한 역량들이 종합적으로 발휘될 때 나타난다. 이와 같은 경쟁환경의 가속화의 원인으로는 신기술과 신경제의 등장, 구조조정 및 재편, 시장개방과 함께 글로벌 기업의 국내시장 침투 등을 들 수 있다.

(2) 기술혁신

기술혁신으로 인해 신규직무와 도태직무의 발생은 직무가 바뀌고, 동일 직무라도 수행방법이 지속적으로 변화하고 있기 때문에 기존에 학습된 지식이나 기술 등은 새로운 직무에 적합하지 않을 수 있다. 그러나 고성과자(High Perfomer)가 발휘하는 행동특성은 직무수행 방법이나 절차가 바뀌더라도 상대적으로 쉽게 바뀌지 않는 안정적인 특성이 있어 세계적 수준의 경쟁우위를 확보할 수 있다. 인바스켓의 이러한 역량의 특성은 다른 역량개념보다 빠르게 변화하는 시대에 유용한 개념이라는 장점이 있다. 역량은 발휘되는 것이기 때문에 관찰이 가능하여 측정이 가능한데 비하여 능력은 단지 보유하고 있어서 이를 측정하기가 어렵다. 이에 대한 차이는 다음 〈표2〉의 역량평가와 능력평가의 비교를 참조하기 바란다.

표2 | 역량평가와 능력평가의 비교

구분	역량평가 (Assessment Center) = 인바스켓(In-Basket)	능력평가	승진시험 (Promotion Test)
평가목적	• 현재적 및 잠재적 직무역량을 평가 • 채용, 배치, 승진, 평가, 교육 등 다양한 목적으로 활용	• 일반적으로 요구되는 성품, 자질, 능력 등을 평가	• 관련 지식을 평가 • 주로 선발 목적으로 활용
평가대상	사람 + 직무(역할)	사람	사람
평가특성	• 구체적 행동평가 • 공정성, 객관성 확보 가능 • 발현되는 역량을 평가하기 때문에 어려움이 없음	• 추상적, 정성적 평가 • 주관적, 임의적 평가 • 보유하고 있는 능력을 평가하기 때문에 평가에 어려움이 발생	• 지식평가 • 공정성, 객관성 확보 가능

구분	역량평가 (Assessment Center) = 인바스켓(In–Basket)	능력평가	승진시험 (Promotion Test)
평가내용	• 직무(역할)와 관련된 가상 상황에서 행동에 기초한 현재 및 잠재역량 측정	• 특정 업무나 성과와 관련 시키지 않고 조직 내에서 정형적인 능력을 측정	• 업무수행에 필요한 지식측정
결과 비교	• 현재 및 잠재역량의 객관적 정보획득이 가능 • 개인간 역량비교 및 역량별 편차의 파악이 용이	• 성과와 관련성이 불분명	• 지식의 객관적 정보 획득이 가능 • 지식의 개인간 비교 용이
교육 훈련	• 구체적, 명시적 기준으로 학습과 교육훈련을 통해 획득이 가능 • 아웃풋형 교육이 가능	• 추상적, 천부적 속성이 기준이므로 교육을 통해 달성하기 곤란	• 업무에 필요한 지식을 학습과 교육훈련을 통해 획득이 가능 • 인풋형 교육
관리적 특징	• 많은 비용과 시간이 소요됨	• 많은 시간이 소요됨	• 시험준비 과정에서 업무손실

(3) 사회구성원의 가치관 변화

OECD의 DeSeCo(Defining and Selecting of Competencies) 프로젝트(1997, 2003)는 직업 분야에 국한되던 역량에 대한 논의를 개인의 성공적인 삶의 영위에 필요한 역량 차원으로 확대함으로써 역량에 대한 중요성을 전세계적으로 확산시켰다.

과거와는 달리 인적자원의 교육수준이 높고, 학습과 훈련의 기회가 많기 때문에 지식이나 기술 등의 기본 수준은 각 조직에서 대체로 유사하다. 성과의 차이는 결국 개인의 올바른 의지와 행동, 즉 역량의 차이에 기인한다는 점을 직시하고, 인재확보와 양성을 위해 각 조직은 역량에 대한 정의를 내리고 인적자원관리의 기본 축으로 활용하게 되었다.

이러한 변화의 이면에는 노동시장의 유연화가 진행되면서 평생직장에서 평생직업으로의 변화, 기업에 대한 충성도의 하락, 다양성과 공정성의 중시 등 가치관의 변화 등을 들 수 있다.

4. 역량체계

역량체계는 〈그림1〉과 같이 일반적으로 3가지로 분류할 수 있다. 공통(가치)역량, (특정)직무역량, 리더십(계층)역량 등이다.

단계별로 요구되는 역량은 하위단계에서는 업무의 전문성과 자기관리 등이 요구되며, 단계가 올라갈수록 부하육성, 동기부여, 성취지향성 등이 필요하다. 가장 상위의 단계에서는 사업가적 통찰력, 전략적 의사결정, 인재발굴 역량 등을 필요로 한다.

그리고 우리나라에서는 현재 S전자에서 실시하고 있는 역량평가항목을 〈표3〉에 정리하였으므로 참조하기 바란다.

그림1 | 역할별 필요역량의 구성

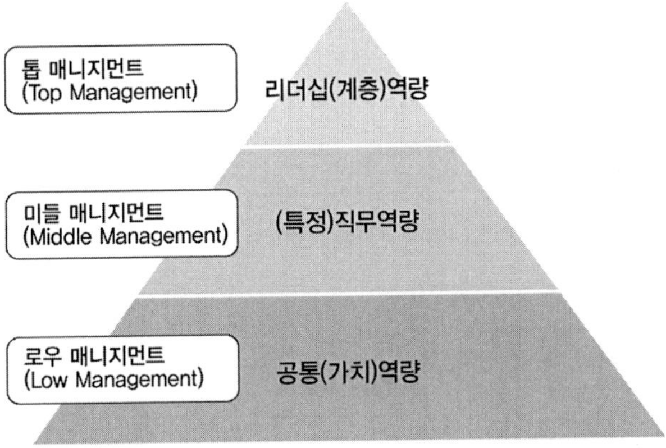

(1) 공통(가치)역량

직위 고하를 막론하고 모든 직원이 동일한 가치를 공유하기 위하여 필요로 하는 공통의 역량으로 정보수집 및 학습능력, 성취동기, 제한된 시간내의 직무수행, 변화주도력, 창의력, 프로의식, 협동심, 고객지향, 기업윤리의식 등이 있다.

(2) (특정)직무 역량

직무역량은 각 직무군에서 차별적으로 요구되는 직무의 전문성을 추구하는 역량으로 기획력, 의사전달, 변화관리, 기업가적 혁신성, 휴먼 스킬, 권한부여, 효과적인 팀 구성과 운영, 기동성 베스트 프랙티스(Best Practice)의 인지, 프로젝트 관리, 규정 및 법규이해, 절충력, 노무제도의 이해 등이 있다.

(3) 리더십(계층)역량

경영활동을 전반적으로 총괄하는 경영조직 상층의 직무에서 요구되는 역량으로 변화추구형 리더십, 업무추진력, 팀워크 활성화, 부하직원의 지도육성, 공정평가, 사업가적 통찰력, 전략적 의사결정, 인재의 발굴 역량 등이 있다.

표3 | S전자의 역량평가 항목(예)

구 분		대리 이하	과장 이상
공통(가치)역량	전직군 공통	가치혁신 / 고객중시 / 전문성(40~50%)	
리더십(계층)역량		책임감 (20%)	리더십(보직자 필수)/전략기획/인재육성 (1~2개 선택: 30%)
(특정)직무 역량	연구개발	성취지향성, 문제해결, 정보력, 협조성, 의사소통, 교섭/절충, 도전정신, 국제화, 의사결정 등의 9개 항목 중 1~3개 선택(20~40%)	
	디자인		
	영업/마케팅		
	기술		
	제조		
	공통지원		

※ 16개의 역량항목 중, 계층별/직군별 특성에 따라 5~8개 정도의 역량고과 항목으로 선택하여 활용

5. 역량평가 방법

역량을 평가하는 방법은 두 가지로 구분되며, 레벨 표기형 평가와 행동 항목형 평가가 있다. 레벨 표기형은 특정한 하나의 행동을 기대하는 순서에 따라 1레벨, 2레벨, 3레벨 등의 등급으로 평가하는 것이다. 반면 행동 항목형은 유사한 여러 가지 행위 각각에 대해 S등급,

A등급, B등급 등의 등급으로 평가하는 것이다. 각각의 평가방법은 장단점이 있으나 본서에서는 이에 대한 설명을 생략하기로 한다.

6. 역량기반의 인적자원관리

우리나라 인사제도의 설계 및 운용의 중심개념은 일찍이 일본에서 사용하던 인사제도인 연공서열(Seniority)과 직무(Job) 중심으로 받아들여 그 동안 활발하게 사용되어 왔으며, 성과중심의 평가체계가 주류를 이루었다. 그러나 최근에는 역량기반의 평가로 변화하기 시작하였는데, 공공부문에서는 4급 및 5급 공무원을 비롯하여 고위직에서 실시하고 있으며, 점차 하위직으로 확대될 전망이다. 그리고 민간부문에서도 대기업을 중심으로 역량기반의 기준이 채택되고 있으며, 점차 확대 실시되고 있는 추세이다. 성과평가와 역량평가를 비교하면 〈표 4〉와 같다.

각 부문에서 고성과자(High Performer)가 발휘하는 역량을 규명하고, 이를 인재의 채용, 배치, 승진, 평가, 교육 등에 활용하는 것을 역량기반의 인적자원관리라고 한다. 다시 말해 조직 및 직무의 높은 성과달성에 필요한 역량을 비전 및 전략과 연계하여 추출하고, 이를 기초로 인적자원경영의 여러 하위체계를 전략적 관점에서 통합적으로 설계하고 운용하는 것을 역량기반의 인적자원관리(CBHRM, Competency-Based Human Resource Management)라고 한다.

해외 선진기업의 경우에는 역량평가(AC)가 업종에 관계없이 다양한 목적과 형태로 활용되고 있는 보편화된 인재평가 기법으로 채용, 배치, 승진, 평가, 교육 등의 여러 목적으로 활발하게 운영하고 있다.

표4 | 성과 및 역량평가의 비교

구 분	성과(Performance)평가	역량(Competency)평가
평가목적	• 기본급과 보너스 결정에 활용 • 단기적 성과중심의 평가	• 채용, 승진, 배치, 이동, 후계자 양성 등에 활용 • 장기적 관점의 평가
평가항목	• 회사전체의 성과에 기초한 사업부, 팀, 개인의 재무 성과 • 당해 연도의 전략적 항목 • 스탭 부문은 회사전체의 성과와 전략항목을 중시	• 회사가치(Value)와 연계한 리더십 및 역량항목 (10개 내외) • 장기적 재무 성과 (통상 3년 정도)
평가방식	• 캐스케이딩(Cascading) 방식으로 연초에 설정한 목표를 기초로 3–5단계 평가	• 다면평가방식으로 주요 역량 항목에 대해 3–5단계 평가
평가주기	• 연1회 (수시평가, 피드백)	• 업적과 분리하여 연1회 평가
평가자	• 직속상사 중심	• 위원회 또는 다면평가

(1) 채용(Recruitment)

1970년대초 미국 국무성에서 직원 채용시의 선발기준이 '개인의 성격이나 일반적 지식'에서 '업무수행에 필요한 행동양식과 중요한 발휘력'으로 바뀌면서 1970년대와 1980년대에는 채용과 선발, 그리고 역량개발 분야에서 주로 활용되었다.

1990년대에 접어들면서 기업환경의 변화로 뛰어난 성과를 올리는 역량에 주목하기 시작하였다. 그리고 현재는 제4차 산업혁명에 필요한 새로운 인재의 확보를 위하여 채용시에 인바스켓을 통한 역량평가를 도입하고 있다.

구체적인 사례로 일본의 채용알선 업체인 리쿠르트사에서는 고객사(구인회사)에 인재를 채용 및 제안할 때에 인바스켓 테스트로 역량을 평가한 후에 10개 역량에 대한 평가와 종합의견을 제시하여 인재에 대한 역량평가 자료를 고객사에 제공하고 있다.

이와 같이 인바스켓 테스트를 통하여 채용과정에서 자사가 필요로 하는 역량의 인재를 채용할 수 있으며, 채용의 타당성을 과학적 자료로 확인할 수 있어서 해당 직무에서 성공할 인재의 식별 가능성을 향상시킬 수 있다. 또한, 개발하기 어려운 역량과 훈련 가능한 역량을 식별하여 인재의 중장기 육성 및 계획에도 도움을 주고 있다.

(2) 배치(Placement)

조직 내에서 적성, 직무, 역량을 기반으로 적합한 인원을 확보하고 유지하면서 필요한 직무에 필요한 인재를 역량에 맞게 적절하게 이동시키는데 목적이 있다. 효율적으로 인력을 배치하기 위해서는 신입 및 경력사원을 인바스켓 테스트를 통해서 역량을 평가하여 직무에 맞는 인재를 적재적소에 배치함으로써 개개인의 역량을 최대로 발휘하게 할 수 있다. 이는 경영자의 요구와 근로자의 요구를 모두 충족시키는 효율적인 직무배치를 달성하는데 도움을 준다.

(3) 승진(Promotion)

자사에 맞는 역량모델을 설계한 후, 인바스켓 테스트를 통한 역량평가의 결과를 인력개발, 평가보상 및 승진승격 등 인적자원관리에 활용하고 있다. 이는 미래에 예상되는 직무나 역할에서 요구되는 자격요건(Job Requirements)을 제공하고, 공석에 대한 후보자들의 준비상태를 점검할 수 있으며, 체계적 관리자 양성을 계획하는데 도움을 준다.

(4) 평가(Evaluation)

인바스켓에 대한 연구가 진화하여 1970년대부터 역량모델로 변화하였고, 1990년대 초반 미국기업이 본격적으로 인사고과에 활용하며 점차 많은 기업들이 인적자원관리의 평가도구로 활용하게 되었다.

인바스켓 테스트를 통한 역량평가는 성과와 성과측정에 대한 공유된 인식을 제공하고, 평가자의 객관적 평가를 위한 행동적 정보를 제공하며 성과측정에 대한 일반적 관심을 향상시키고, 성과에 대한 만족스러운 종업원 비율(Base Rates)을 파악하는데 도움이 된다.

(5) 교육(Development Center 방식의 교육)

역량을 측정하고 교육하는 것을 역량개발(DC: Development Center)이라고 하며, 최선의 툴이 인바스켓을 활용한 교육이라고 할 수 있다.

역량개발(DC)은 역량평가(AC)에서의 평가항목을 시뮬레이션 형식을 통해서 교육에 적용하는 것으로 일방적인 암기위주의 인풋형 교육이 아닌 교육생들이 자신이 필요로 하는 역량을 시뮬레이션 과제를 통해서 적용해 보고, 자신의 행동에 대해 다른 교육생들과의 의견과 개념을 비교 및 공유하는 학습방법이며, 또한 퍼실리테이터(Facilitator)로부터 구체적인 피드백을 받을 수 있는 자신의 생각을 도출하는 아웃풋형 교육방식이다.

이러한 역량개발(DC) 방식의 교육이 소위 인바스켓 테스트를 활용한 교육이다. 성인교육에서 암기위주의 인풋형 교육은 자리를 떠나면 잊게 되는 의미가 없는 교육이 많지만, 역량개발(DC) 방식의 인바스켓 교육은 성인교육에 필요한 살아있는 교육, 성과가 있는 교육, 현장감이 있는 아웃풋형 교육이라고 할 수 있다.

역량개발(DC) 방식의 교육이 조직의 가치 및 전략에 의한 개발 니즈와 효과적인 영역에 대한 집중적인 투자기회를 인지하게 하고, 효율적으로 훈련비용을 사용하게 하며, 현장에서의 일상적 코칭(Coaching)과 피드백(Feedback)을 하는데 도움을 준다.

3장

인바스켓 프로그램

실제 직무상황과 유사한 극한의 모의상황을 학습자에게 다양하게 제시하고, 그러한 상황에서 학습자의 역할과 행동을 파악하여 역량을 평가하며, 더 나아가서는 교육하는 객관적이며 과학적인 기법의 프로그램이다.

1. 인바스켓 프로그램의 특징

인바스켓은 극한의 상황에서 업무를 판단한다는 설정을 하고 있다. 극한의 상황이란, 매우 강한 스트레스를 받아 냉정하게 판단하기 어려운 상황 하에서 안건을 처리하는 힘든 환경을 의미한다.

스트레스를 주는 요인으로는 안건처리를 위한 시간설정을 들 수 있다. 인바스켓에서는 여유를 가지고 침착하게 안건을 처리할 수 있는 시간이 주어지지 않는다. 예를 들어 60분에 20가지 안건을 처리한다면, 1개 안건을 불과 3분 안에 처리해야 한다. 3분에 1건을 처리한다는 것은 불성실하게 안건을 처리하지 않는다면 일반적으로는 불가능하다.

또한 극한의 상황이 시간설정만을 의미하는 것은 아니다. 판단에 필요한 정보도 부족하고, 주위의 협력도 얻을 수 없는 환경을 설정한다.

그리고 마지막으로 정답이 없다는 것이다. 비즈니스 상황에서는 동일한 상황이 전개되는 일이 없으므로, 비즈니스 세계에서 정답이 없듯이 인바스켓 상황에서도 정답은 없다. 다시 말해 사람과 함께 하는 일은 사람의 수만큼 경우의 수가 생길 수 있어서 정답이 있을 수 없으므로, 여러 상황을 고려하여 합리적이고, 논리적인 프로세스에 의거하여 의사를 결정할 수 있도록 트레이닝을 해야 하는데, 같은 특징을 갖는다.

- 모의상황에서의 평가
  인바스켓 테스트는 실제 직무상황에 맞추어 유사하게 구조화한 모의상황에서 학습자의 행동을 관찰하여 평가하는 방식이다.

- 현재 및 잠재역량을 평가
  인바스켓 테스트는 학습자의 과거 성과나 지식을 평가하는 것이 아니라, 현재역량과 미래의 행동에 대한 잠재역량을 측정한다.

- 다양한 평가과제를 사용
  인바스켓 테스트는 다양한 모의상황을 평가과제로 제시하여 10

가지 역량을 평가하기 때문에 개별 상황에서 평가가 갖고 있는 한계점을 극복할 수 있다.

• 전문 평가자에 의한 평가

인바스켓 테스트는 훈련된 전문 평가자가 평가하기 때문에 개별 평가자의 오류를 방지하고 평가의 공정성을 확보할 수 있다.

• 교육 툴로 사용

인바스켓 테스트를 상기와 같은 평가 툴로 사용할 수도 있지만, 교육의 툴로 활용하면 프로그램 연수 중에 롤 플레이(Role Play), 프레젠테이션(Presentation), 집단토론 등 기업에서 필요로 하는 역량 개발(DC) 방식의 아웃풋형 교육을 실시할 수 있다.

2. 인바스켓 처리요령

인바스켓 테스트는 교육 참가자, 또는 학습자가 인바스켓 문제에서 설정된 직책의 당사자가 되어 가상의 상황에서 미처리 안건을 처리해 나가는 방식이다. 처리하는 요령은 인바스켓 테스트에 참가하는 학습자가 미리 설정된 상황의 직책에 임명되어 일정한 시간제한 속에서 「미결함」에 있는 「미처리 안건」을 당사자가 되어 자신의 사고와 소신을 가지고 제한된 시간에 우선순위를 정해서 보다 많이, 그리고 문제간의 연관성 등을 고려하여 현명하게 처리해야 한다.

3. 인바스켓으로 측정 및 육성할 수 있는 역량

- 문제발견력: 목표에 대한 갭과 본질적인 문제점이나 조직의 과제를 파악하는 역량
- 문제분석력: 가설을 세우고, 이를 입증 및 확인하기 위해서 필요한 정보를 효과적으로 수집하거나 문제원인을 규명하는 역량
- 창의력: 기존의 프레임을 파괴하는 사고, 여러 가지 정보를 조합한 대책, 아이디어 등을 내는 역량
- 판단력: 논리적으로 판단하고, 다른 사람에게 명확하게 전달하는 역량
- 통찰력: 전체적인 흐름이나 다른 안건과의 관련성 등을 파악하여 판단을 하거나 명확한 계획을 세우는 역량
- 계획조직력: 부하직원이나 조직을 유용하게 활용하여 효율적이고, 효과적으로 조직을 운용하는 역량
- 당사자의식: 주체적으로 판단하고, 자신 또는 팀에게 무엇이 요구되는지를 인지하는 역량
- 휴먼스킬: 커뮤니케이션 역량, 감수성, 코칭 역량 등의 인간관계에 대한 역량
- 생산성: 한정된 시간 안에 효율적으로 많은 업무(안건)를 처리하는 역량
- 우선순위 설정력: 업무의 중요도와 긴급도를 고려하여 처리할 수 있는 역량

4. 인바스켓의 효과

(1) 직장인의 역량개발

지금까지 직장인의 자기개발은 지식습득을 중심으로 하는 세미나, 포럼의 연수, 독서 등이 대부분이었는데, 지식이나 정보를 습득하더라도 이를 활용하지 못한다면 아무런 의미가 없다. 그러나 인바스켓은 참가자나 학습자가 가지고 있는 지식과 노하우를 앞으로 발생할 수 있는 상황이나 안건에 맞추어 처리할 수 있도록 업무역량을 배양시키는 툴이다. 따라서 인바스켓에서 배양된 역량은 참가자가 어려운 환경에 처할 때나 인생의 큰 전환기에도 활용할 수 있는 실용적인 툴이다.

(2) 관리자의 재교육

관리자에 대하여 현업의 실적과 상사의 평가에만 의존하는 기업이 많은데, 관리자가 된 후에도 역량개발에 필요한 교육이 거의 실시되지 않는 것이 우리나라의 현실이다. 다시 말해 관리자는 눈동냥으로 관리업무를 습득하고, 예전과 변함없는 자신의 스타일로 업무를 수행하고 있다.

관리자는 업무범위가 넓고, 매뉴얼이나 예측할 수 없는 업무가 많아서 업무의 긴급도와 중요도에 따라 우선순위를 매겨서 합리적으로 수행하거나, 판단을 해야 하기 때문에 암기위주의 능력배양보다는 문제해결력 등의 역량을 필요로 한다.

이와 같은 상황에서 인재개발 교육담당자가 관리자에게 필요한 교육으로 도입할 수 있는 프로그램이 인바스켓 프로그램이며, 어세스먼트가 필요할 경우에는 사내의 관리자만 비교하는 것이 아니라, 다른 업계의 기업과도 평균 스코어를 비교할 수 있는 프로그램이다.

경영층으로부터 관리자의 문제해결 사고가 부족하다거나, 판단력이 부족하다는 등의 지적을 받아도 현재 실시되고 있는 교육 프로그램으로는 역량을 배양시키는 프로그램이 존재하지 않는데, 인바스켓 프로그램은 이를 해결할 수 있는 좋은 툴이다.

(3) 관리자 후보선발

관리자나 리더는 누구나 할 수 있는 단순한 직책이 아니며, 연습기간과 충분한 트레이닝이 필요하다. 그런데 아무리 훌륭한 사고나 지식을 가지고 있더라도 합리적인 판단력이 결여되어 있으면 기업의 흥망에 영향을 미치게 된다.

인바스켓 프로그램은 관리자와 리더를 목표로 하는 개인에게도 매우 유효한 모의학습을 할 수 있으므로, 이러한 모의학습을 통하여 설정된 환경에서 자신이 어느 정도의 역량을 발휘할 수 있는지를 확인할 수 있다.

또한 인바스켓 프로그램에서는 미래에 필요로 하는 역량의 발휘도를 알 수 있을 뿐 아니라, 현업에서 필요로 하는 역량을 갖추고 있는지에 대한 평가도 가능하다.

따라서 인바스켓은 관리자나 리더를 선발하기 위한 모의 테스트로 활용할 수 있기 때문에 발생 가능한 환경을 설정하여 임용 이후의 업무진행 방식이나 행동을 사전에 분석할 수 있으며, 인적자원 관리부문에서 채용, 배치, 승진, 교육 등은 물론 관리자 후보선발에도 유효하게 활용하고 있다.

5. 인바스켓의 3대 특징

첫째, 인바스켓은 자신이 당사자 또는 주체가 되기 때문에 능동적인 학습을 최대화할 수 있다. 둘째, 인바스켓은 현업에서 발생 가능한 시뮬레이션을 실시하기 때문에 업무향상에 도움이 된다. 셋째, 인바스켓은 자신의 생각을 정리하게 하므로 사고의 폭이 넓어진다.

6. 인바스켓에 대한 이해부족

인바스켓의 상황설정에 대해서 기업의 인재개발 담당자, 또는 관계자가 의견을 제시한 적이 있는데, 이러한 극한의 상황에 처하는 일은 별로 없으므로 비현실적이라는 것이다.

그러나 이는 잘못된 생각이다. 관리자나 리더에게는 일상적으로 예상치도 못한 일이 빈번하게 발생한다. 그리고 한정된 시간 안에 많은 업무를 처리해야 하며, 동시에 다양한 이해관계에 둘러 쌓인 상황에서 수 많은 판단을 내려야 한다.

인바스켓에서 설정한 환경은 언젠가 당신이 관리자나 리더가 되었을 때에 반드시 경험하게 될 환경이므로, 인바스켓 트레이닝으로 미래에 자신이 직면하게 될 환경을 사전에 유사체험을 함으로써, 향후 당황하지 않고 적절하게 대응할 능력을 키울 수 있다.

또한 자신이 이러한 인바스켓 상황에 적합하지 않다고 생각한다면 관리자나 리더 이외의 다른 진로를 선택할 수도 있을 것이다. 왜냐하면, 인바스켓 트레이닝은 미래의 직장환경을 가상적으로 체험하는 것이므로, 적성이 맞지 않는다고 생각한다면 실제로 관리자나 리더가 되어도 환경이나 직장에 적응하기 힘들다고 봐야 한다.

7. 인바스켓과 역량평가

우리나라는 2006년 7월부터 고위공무원으로 승진하려면 반드시 역량평가를 통과해야 한다고 고시하고, 2011년 이후부터 대다수 부처에서 5급 사무관 승진대상자를 역량평가를 통해 선발하고 있다. 또한 조직 내부에서 승진 대상자의 선발뿐만이 아니라, 임용 시에도 면접이 중요하기 때문에 최근 여러 조직에서 역량평가(Assessment Center)를 면접에 도입하고 있으며, 중요 대기업에서도 이미 도입하였거나 도입을 검토하고 있다.

현재 고위공무원단의 역량평가는 인바스켓(In-Basket), 역할연기(Role Play), 프레젠테이션(PT), 집단토론(Group Discussion), 인터뷰(Interview) 등의 모의상황 과제(Simulation)를 통해 실시하고 있다.

역할연기, 프레젠테이션, 집단토론, 인터뷰 등은 모두가 잘 알고 있는 부분이어서 개인적으로 트레이닝이 가능한 부문이지만, 인바스켓의 경우에는 단어의 의미도 알려지지 않아 인터넷에서 검색을 해도 안 나오던 것이 필자가 일본의 인바스켓 관련 서적을 번역하고 프로그램을 소개한 이후에 많이 알려지게 되었다.

따라서 인바스켓이라는 익숙하지 않은 단어에 당황하는 사람도 많으며, 승진을 준비하는 공무원도 벼락치기로 며칠 밤을 새워 공부하거나, 족집게 과외를 받는다고 통과할 수 없다는 것을 알고 적지 않게 어려움을 겪고 있는 실정이다. 적어도 최소한 1년 전부터는 차분하게 인바스켓 사고를 이해하고, 익혀서 평소에 습관화하여 실천을 해야 효과가 있다.

인바스켓을 평가로 활용하는 경우에는 우리나라에 개발되어 있는 문제가 몇 가지 되지 않고, 공개가 되지 않아서 알 수도 없으며, 어려워서 문제를 제대로 풀었는지, 혹시 풀었다고 하더라도 정확하게 평가를 받을 수 있는 시스템이나 조직이 없는 실정이다.

그러나 당사와 같이 인바스켓 교육 프로그램을 전문으로 하는 경우에는 프로그램 내에 역할연기, 프레젠테이션, 집단토론, 인터뷰 등이 내재되어 있어 원스탑으로 교육이 가능하다. 왜냐하면 인바스켓 문제 자체가 당사자가 되어 안건을 해결하는 역할연기가 중심이며, 교육 프로그램을 진행하는 과정에서 프레젠테이션, 집단토론, 인터뷰 등을 활용하는 프로그램이기 때문이다. 그리고 피드백을 통해서 자신이 어떻게 생각하고 있는지를 알 수 있어 승진시험은 차치하더라도 조직간 또는 조직원의 이해와 의식을 공유할 수 있는 그야말로 꼭 필요한 교육이며, 무엇보다 커스터마이즈 교육이 가능한 교육이다.

좀더 구체적으로 설명을 하자면, 어느 공공병원의 병원장이 되어 아직 처리되지 않은 20개 안건을 1시간 내에 처리한다든가, 자동차 대리점 점장이 되어 25개 안건을 90분 동안 처리한 후에 학습자를 4~5명의 팀으로 나누어 우선순위를 어떻게 선정하여 안건을 처리했는지를 각자 발표하게 한다. 다시 말해 인터뷰에 해당하는 부분이다.

그리고 몇 개의 팀으로 나누어 각각의 팀이 어떻게 우선순위를 선정하여 안건을 처리할 것인가를 팀으로 나누어 토론한다. 토론이 끝나면 팀별로 우선순위를 선정한 이유를 발표한다. 즉 프레젠테이션이다.

또한 인바스켓 문제 중에서 문제를 해결해야 할 사항을 선정하고, 문제해결을 위해서는 어떤 프로세스로 문제를 해결할 것인지, 토론과 프레젠테이션과 합의를 반복하는 트레이닝과 피드백을 받는 프로그램이다.

또한 당사에서는 인바스켓 안건을 처리한 후에 별도의 의뢰가 있으면 작성한 답안을 당사가 기준으로 하는 10개 역량을 평가해서 어세스먼트 시트를 발행하고 있다.

인바스켓 트레이닝은 잠재적인 역량을 발휘하는 연습무대이다. 트레이닝을 계속함으로써 다가올 기회를 놓치지 않고 역량을 마음껏 발휘할 수 있다. 인바스켓 시험에 대비하여 인바스켓 트레이닝을 시작한 분들이 인바스켓 시험의 모범답안을 암기한다고 해도 시간만 낭비할 뿐이므로, 일상생활에서 활용할 수 있도록 노력해야 할 것이다.

왜냐하면 인바스켓 트레이닝은 자신의 잠재역량을 배양하는 것이 목적인데 타인의 답안으로 스스로를 위장하게 되면 자신의 개성을 왜곡시킬 가능성이 있기 때문이다. 자신이 가지고 있는 역량을 발휘할 기회는 언젠가 반드시 찾아올 것이다. 그러나 아무리 훌륭한 잠재역량을 가지고 있어도 필요한 경우에 제대로 발휘할 수 없다면, 아무런 도움이 되지 않는다.

인바스켓은 현재 일본에서도 많은 기업에서 관리자와 간부의 승진시험에 사용되고 있고, 리더로서의 판단력을 측정하는 등 역량평가 및 교육에 사용되고 있는 훌륭한 툴이다.

8. 인재선발 및 인재교육 방법

인바스켓은 일반적으로 우리가 기존의 필기시험을 치루듯이 기억력을 테스트하거나 지식을 테스트하는 시험이 아니며, 그렇다고 해서 성격을 테스트하는 성격검사도 아니다. 학습자가 실제로 고위 관리직에 올라갔을 경우, 직위에 어울리는 판단과 행동을 취할 수 있을지에 대해 측정하는 테스트이다. 그러므로 많은 기업에서 관리자의 선발시험으로 채용하고 있다.

9. 인바스켓은 평가 및 교육 프로그램

인바스켓은 기업의 인적자원 관리부문에서 테스트를 통하여 가상의 극한상황으로 몰아넣어 현재(顯在)역량이나, 잠재(潛在)역량이 어느 정도 발휘되는가를 평가하는 수단으로 활용되었다. 그러나 문제작성이나 평가방법에 비용이 많이 들고, 평가가 어렵다는 단점이 있어서 확대되는 속도는 더디었다.

일본의 예를 들면, 문제작성과 평가가 어렵고 비용이 많이 들어 대기업에서만 활용하다가 점점 인바스켓의 효용성을 인지한 기업이 증가하면서 중견, 중소기업 등으로 확대되었다. 우리나라는 아직은 그룹사 정도에서 인사평가로 사용하고 있지만, 점점 확대되는 추세이다.

특히 인바스켓은 그 동안 평가 툴로 주로 활용되어 왔는데, 최근에는 교육 툴로도 효용성을 인정받아 교육기관에서 연수와 교육 툴로 각광을 받고 있다. 우리나라에서는 역량평가(AC)를 중앙정부 및 지방자치단체에서 일부 구축하였지만, 역량개발(DC)에 대해서는 개념을 이해하는 정도여서 교육에 대해서는 아직 정립되지 않았다. 그러나 당사의 인바스켓 프로그램 툴을 활용하면 이러한 문제를 모두 해결할 수 있는데, 이는 역량개발(DC)의 가장 효율적인 방식이라고 자부할 수 있다.

4장

인바스켓의 10개 역량

인바스켓 사고는 10개 역량을 활용하여 보다 좋은 조합으로 판단하는 것이다. 10개 역량에 대해서는 자세히 설명하겠지만, 결코 특수한 역량이 아니다. 비즈니스를 하고 있는 사람이라면 누구나가 가지고 있는 10개 역량이지만, 누구나 이 역량을 실제로 사용할 수 있는가 하면 유감스럽게도 그렇지 못하다.

그렇다면 독자 여러분이 '10개 역량'을 제대로 활용하고 있는지를 체크하기 위해서 몇 가지 질문을 해 보자.

- □ 시간이 더 있었다면 할 수 있었는데 라고 생각하는 일이 많다
- □ 같은 실패를 반복하여 지적을 받은 적이 있다
- □ 자신의 패턴이 흐트러지면 성과가 오르지 않는다
- □ 5년 후의 목표(공사 모두)가 명확하지 않다
- □ 다른 사람에게 위임하기 보다는 자신이 처리하는 경우가 많다

□ 고민이나 정보를 혼자 끌어안고 있는 경향이 있다

□ 자신의 일만으로도 능력의 한계를 느끼는 경우가 많다

□ 업무처리가 늦다고 지적을 받은 적이 있다

□ 분실물이 많다

□ 즉석에서 결단을 내리는 것이 좋은 판단방법이라고 생각한다

상기 질문의 대답 중에서 'YES'가 많은 사람일수록 밀어서 열어야 할 문을 힘껏 잡아 당기고 있는 듯한 업무방법을 택하고 있을 가능성이 높다. 그러므로 이런 경우에는 본서를 통해 자신이 가지고 있는 10개 역량을 개발하여 인바스켓 사고를 배양시킴으로써 제4차 산업혁명에서 필요로 하는 판단능력을 향상시킬 수 있을 것이다.

1. 문제발견력

문제를 해결할 수 없는 것은 무엇 때문인가? 해결되었다고 생각해도 해결책이 성과로 이어지지 않는 것은 어째서일까? 혹은 해결할 수 없는 문제만 산적한 채로 다음 단계가 보이지 않는 것은 왜일까?

그것은 해결책 이전에 '문제' 그 자체를 파악하는 방법이 잘못되어 있기 때문이다. 해결하지 못한다고 한탄하기 이전에 우선, '문제' 그 자체에 대해 깊이 생각해 볼 필요가 있다.

(1) 문제란?

현재는 실제 상태, 예상되는 상태, 예기치 않게 나타난 결과이다. 그리고 앞으로는 어떻게 되어야 할지, 다시 말해 미래의 바람직한 모습, 기대되는 결과는 목표이다. 이 두 가지 사이에는 당연히 간격(차이)이 있는데, 이것을 문제라고 한다. 즉 목표와 현상과의 차이는 해결해야 할 사항이다.

- □ 방침 및 목표와 현상과의 차이
- □ 고객요구와 현상과의 차이
- □ 과거의 실적과 현상과의 차이
- □ 타사 및 타부서와 현상과의 차이
- □ 규칙 및 시방(示方)과 현상과의 차이
- □ 표준(작업표준, 기술표준)과 현상과의 차이

따라서 문제란 목표와 현상과의 갭, 또는 해결해야 할 사항이다. 문제점은 문제 중의 일부로 개선이 가능한 일, 대책을 강구해야 할 핵심원인이고, 이와 더불어 제약조건은 문제 중에서 개선이나 대책을 강구할 수 없는 요인이다.

그리고 과제는 목표와 현상과의 차이를 극복하기 위하여 미래의 모습을 구체화한 것이다. 문제와 과제의 차이점에 대한 〈그림2〉를 참조하면 더욱 이해하기 쉬울 것이다.

그렇다면 체중을 예로 들어보자. 현재 체중이 100kg이다. 그래서

70kg으로 목표로 감량하기로 하였다고 하자.

이때 목표와 현재상태인 30kg의 갭이 문제이다. 그리고 목표와의 차이가 30kg이라는 문제에 대해 어떻게 식사를 제한할 것인가, 어떤 생활 사이클로 할 것인가가 과제라고 하겠다.

또한 문제점은 식사시간이 불규칙하다는 것, 간식을 많이 먹는다는 것, 술을 많이 마신다는 것 등을 들 수 있다. 이때의 제약조건은 개인이 처한 환경에 따라 달라질 수 있겠지만, 만약 불규칙한 근무시간으로 식사를 정해진 시간에 할 수 없다면 이는 제약조건이라고 할 수 있다.

그림2 | 문제와 과제, 문제점과 제약조건의 차이점

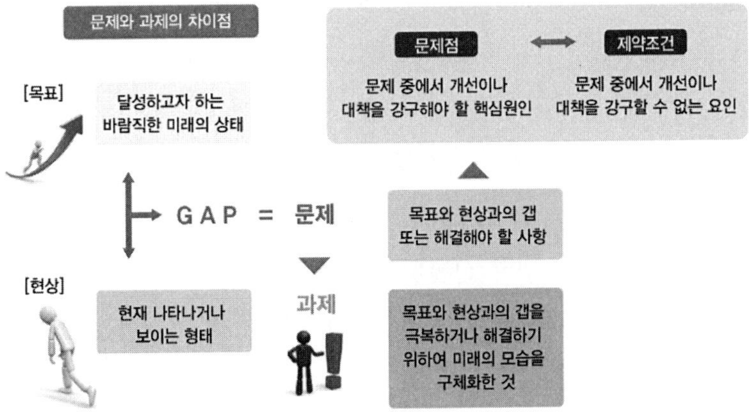

문제를 분류하면, 원인형 문제와 기회형 문제로 나눌 수 있는데, 원인형 문제는 어떤 원인으로 인하여 발생한 문제로 작업현장이나

일상생활에서 발생한다. 그리고 기회형 문제는 향후 일어날 수 있는 문제나 새로운 목표설정에 따른 문제로 주로 기획부문에서 사용한다.

문제는 현재적인(표면적인) 문제와 잠재적인(근본적인) 문제로도 구분할 수 있다. 표면적으로 나타나는 문제는 쉽게 인지할 수 있으므로 해결하기 쉬운 반면, 잠재적인(근본적인) 문제는 해결하지 못하기 때문에 문제가 반복하여 발생하기 쉽다. 그리고 잠재적인 문제는 무엇이 문제인지 잠재적인(근본적인) 원인을 찾아내기는 어렵지만, 이를 해결하면 문제가 반복하여 발생하는 것을 방지할 수 있다.

또한 문제는 발생형 문제, 발굴형 문제, 설정형 문제로도 구분할 수 있다. 발생형 문제는 이미 발생한 문제로써 눈에 보이는 문제로 이탈문제, 미달문제 등을 들 수 있으며, 안전사고와 불량품 발생 등이 여기에 속한다. 발굴형 문제는 현재의 상황을 개선하거나 효율을 높이기 위한 문제로 개선문제, 강화문제 등을 들 수 있으며, 생산성 향상이나 재고삭감 등이 여기에 속한다. 설정형 문제는 앞으로 어떻게 할 것인가? 하는 미래와 관련된 문제로 개발문제, 달성문제가 이에 속하며, 신시장 개척 기업체질의 혁신 등을 들 수 있다. 이러한 구분은 〈그림3〉을 참조하면 더욱 이해하기 쉬울 것이다.

따라서 현상과의 갭이 없는 목표에서는 문제가 발생하지 않는다. 또한 도달 불가능한 목표와 현상과의 갭은 이론적으로는 해결 불가능한 문제라고 할 수 있다.

이처럼 문제를 발견하기 위해서는 목표와 현상의 갭 구조를 파악하는 것으로부터 시작해야 한다. 요컨대 갭을 초래하는 원인이 무엇인가를 통찰하여 그 본질에 다가가는 것이 해결의 지름길이다.

그림3 | 발생형, 발굴형, 설정형 문제

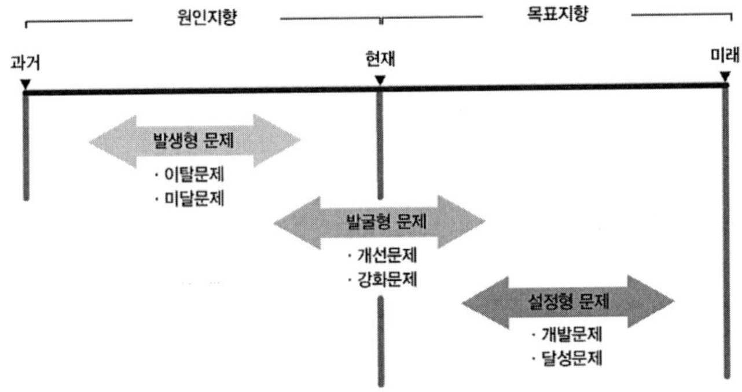

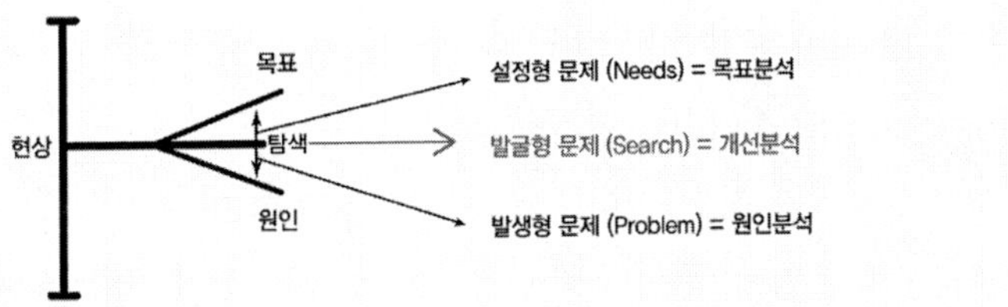

(2) 문제를 발견할 수 없는 이유

문제가 중요하다는 것은 이해를 했다고 하더라도 문제를 정확하게 발견하지 못하여 해결책을 찾지 못한 케이스를 종종 볼 수 있는데, 문제를 발견하지 못하는 이유는 다음과 같이 전형적인 4가지 패턴으로 정리할 수 있다.

① 문제를 정의하기 위하여 전제가 되는 목표를 정확하게 세우지 못한다
② 현상에 대한 인식과 분석력이 낮아 현상을 정확하게 파악하지 못한다
③ 갭의 구조를 제대로 파악하지 못하여 문제의 본질을 구체화하거나, 우선순위를 매기지 못한다
④ 해결책부터 역순으로 문제를 파악하기 때문에 정확한 문제정의를 내리지 못한다

(3) 문제발견을 위한 트레이닝

신문이나 텔레비전의 뉴스를 접할 때, 보도내용에 대하여 다음과 같은 의문을 갖고 생각해 본다면 문제발견을 위해 좋은 트레이닝이 될 것이다.

① 문제의 본질은 무엇인가?(수단과 목적을 혼동하고 있지는 않는가?)
② 문제가 확대되면, 어떤 영향을 미치게 될 것인가?
③ 자신이 당사자, 혹은 판단하는 입장이라면 어떻게 할 것인가?
④ ③에서의 판단내용은 문제의 본질을 파악한 다음에 실시하였는가?
⑤ 문제의 당사자에게 질문한다면, 어떤 질문을 할 것인가?

(4) 문제가 명확하면, 해결책의 정밀도는 향상

이미 발생하여 표면화된 현상의 문제만을 응시하고, 대증요법적인 문제해결을 기하는 것만으로는 잠재적인(근본적인) 문제를 해결할 수 없다. 문제발견과 해결의 좋은 예를 故정주영 회장의 일화에서 찾아볼 수 있다.

6.25전쟁이 일어난 이듬해인 1951년 1월, 전사자 매장을 위하여 유엔군사령부가 묘지조성을 시작하고, 같은 해 4월 완공되어 전국 각지에 가매장되어 있던 유엔군 전몰장병들의 유해를 모아 최후방인 부산에 안장하였다. 1952년 12월, 미국 아이젠 하워 대통령이 부산의 UN군 묘지를 방문한다는 소식이 전해지면서, UN군 관계자들은 흙으로만 덮여 있는 쓸쓸한 묘지를 대통령에게 보이고 싶지 않아서인지 한국의 조경업체와 건설업체에 의뢰하여 묘지가 쓸쓸해 보이지 않도록 잔디를 깔아 달라고 부탁했다. 그러나 현실적으로 추운 겨울에 잔디를 구해서 깔 수 없었다.

하지만 정주영 회장의 문제접근법은 남달랐다. 현상은 흙으로 덮여 있는 묘지에 잔디를 깔아 푸르게 보이는 것이 목표임을 명확하게 파악하고, 목표와 현상과의 갭인 푸르게 보이는 것을 목표로 문제해결 방법을 정확하게 찾아냈다.

다시 말해 정주영 회장은 '왜?'라는 질문을 통해 문제를 명료하게 정의하였다. UN군 관계자가 잔디를 깔아달라는 요청에 대해 모든 사람들이 '잔디를 까는 것'을 문제라고 정의할 때, 정주영 회장은 '묘지를 푸르게 보이게 하는 것'이라고 문제를 정의하였다.

이렇게 문제를 명료하게 정의하게 되면 해결책은 자연스럽게 따라온다. 정주영 회장은 겨울에 싹이 터서 푸르게 보이는 보리싹, 요즘 흔히 말하는 청보리를 구해서 묘지에 까는 것으로 이 문제를 해결한 것이다.

(5) 인바스켓 사고

문제발견은 인바스켓 트레이닝에서도 매우 중요한 행동이다. 문제발견 역량을 발휘할 수 없거나, 또는 크게 요점에서 벗어나 있으면, 그 후의 안건처리 과정의 행동에도 많은 영향을 미치기 때문이다.

문제를 발견하는 행동을 우리는 무의식 중에 행하는 경우가 많은데, 의식적으로 문제를 찾지 않으면 발견할 수 없는 경우도 매우 많다. 다시 말해 현재적 문제발견과 잠재적 문제발견을 위해서는 다음과 같은 문제의식을 가져야 한다.

첫째, 당사자의 관점에서 문제의식을 갖는다. 같은 안건이라도 입장에 따라 문제가 되는 관점이 다르다. 실제로 자신의 관점과 스토리 안에서 당사자의 업무관점은 문제를 파악하는 방법이 크게 다르다.

둘째, 전체의 흐름이나, 다른 안건과의 관련성을 고려한다. 인바스켓은 단독의 안건만을 처리하는 것이 아니라, 많은 안건과 자료에서 전체의 흐름이나 배경을 이해하고, 그 중의 한 가지 안건으로 연계하여 처리하는 것이 중요하다.

셋째, 문제를 만든다는 의식을 갖는다. 문제를 만든다는 것은 자신이 트러블을 일으킨다는 의미가 아니다. 안건에서 문제점을 발굴한다는 것이다. 언뜻 생각해 보면, 아무 문제가 없을 것 같은 안건에서도 자신이 '마땅히 갖추어야 할 모습에 대한 기준'을 설정하여 문제점을 찾아낼 수 있다.

넷째, 자신의 문제발견력을 믿는다. 문제를 발견한다는 것이 쉽지는 않은 일이라고 설명했지만, 사실은 문제를 발견하고도 눈치를 채지 못하는 경우가 많다. 자신의 문제발견 역량을 믿으면, 문제점은 반드시 찾아낼 수 있다.

2. 문제분석력

문제발견 다음의 문제해결 프로세스는 문제분석이다. 잘못된 안건 처리에서 자주 볼 수 있는 것이 문제를 발견하고, 바로 대책을 세우는 경우이다. 그러나 이는 좋은 처리 프로세스라고는 할 수 없다. 대책을 생각하기 위해서는 원인을 발견하는 일이 중요하기 때문이다.

대책을 세우는 과정에서 가설을 세워 원인을 분석하거나, 가설을 뒷받침할 정보를 수집하는 것을 문제분석력이라고 한다.

(1) 가설을 세운다

가설이라는 단어를 많이 들어보긴 했어도 그다지 친숙하지 않은 사람도 많을 것이다. 가설로 유명한 이론이 우주탄생의 빅뱅 가설, 다윈의 가설인 진화론 등인데, 많은 분야에서 사용되고 있다.

가설은 원래 가상으로 설정한 통설이라는 의미가 있다. 이를 가상의 결론이라고 바꾸면 이미지가 이해하기 쉬워진다. 결론을 가상으로 설정한 것이 가설이다. 현시점에서는 올바른지의 여부는 모르지만, 가상의 결론을 설정한 것이 가설이다. 다시 말해 자신의 경험이나 단편적인 정보를 활용하여 직감, 영감, 눈치, 유추 등을 발휘하여 세운다.

그리고 가설사고란, 가설부터 먼저 생각하는 사고법이다. 가설사고는 가설을 먼저 세워서 검증하는 순서를 밟는다. 만약 가설을 잘못 설정하였다는 것을 알게 되면, 가설을 수정하면 된다. 하지만 가설이 옳다고 확인할 수 있다면, 그 가설은 결론이 된다.

그렇다면 어째서 가설사고가 필요한 것일까? 가설을 세운다고 해도 정보나 사례가 거의 없으니 정밀도가 낮아서 도움이 되지 않는다고 생각할지도 모른다. 그러나 정밀도는 조금 낮더라도 결론을 먼저 예측함으로써 무턱대고 조사하는 것보다 적은 노력으로 신속하고, 편하게 결론을 이끌어 낼 수 있다.

우리는 평소부터 하나씩 신중하게 조사하고 고찰하여 쌓아 올리는 식의 사고를 하는 경우가 많다. 쌓아 올리는 식의 사고는 시간이 걸리지만, 결론에 한 걸음씩 다가갈 수 있다는 메리트가 있다. 그러나 조사나 분석에 많은 시간이 걸린다. 하지만 가설사고는 한정된 노력으로 높은 성과를 올릴 수 있으므로 모두에게 필요한 역량이라고 할 수 있다.

그렇다면 가설사고력을 배양하면 얻게 되는 메리트는 무엇일까? 첫 번째 메리트는 적은 노력, 적은 시행착오로 올바른 답안을 도출할 수 있다는 점이다. 가설이 세우면, 가설을 검증하기 위한 정보수집에 필요한 시간이 그렇지 않은 상황에 비하여 절약된다.

두 번째 메리트는 잘못된 판단을 배제하여 객관적으로 사물을 판단할 수 있다는 것이다. 우리가 생각하는 것의 상당수는 어디까지나 가설이다. 가설은 검증해야만 정밀도가 높아지는데, 가설사고는 평소에 습관을 들여서 익숙해지는 것이 중요하다.

인바스켓 트레이닝에서도 불확실한 정보가 많기 때문에 가설을 세워서 해결책을 모색할 필요가 있다. 이는 인바스켓에서만 필요한 것이 아니라, 실무에서도 관리직으로 올라가면 올라갈수록 불확실한 환경 속에서 보다 정확한 판단과 행동이 요구된다. 즉, 실제로 일어나는 일을 인바스켓에서 재현하는 것에 지나지 않는다고 봐야 한다.

혼동하기 쉬운 것은 문제분석이란, 단지 문제를 분석하는 일이라고 생각하는 것이다. 실제로 문제분석은 단지 분석을 하는 것이 아니라, 가설에 근거하여 분석이나 정보수집을 하는 것이다. 가설을 세워서 분석함으로써 추가적으로 필요한 정보수집과 지시를 할 수 있으므로 효율적으로 문제해결을 할 수 있다. 가설을 세우지 않고 분석을 하면 많은 노력과 자금이 소요되므로 합리적이라고 할 수 없다.

인바스켓 트레이닝은 시간과의 승부이다. 모든 자료를 꼼꼼하게 살펴보고, 비교하여 분석할 시간이 없다. 우선 가설을 세우고 나서 정보를 수집하여야 한다. 즉, 인바스켓 트레이닝에서는 모든 자료를 세밀하게 체크하여 분석하기 보다는, 더 정확한 판단을 내리기 위한 대책의 근거로써 가설을 세우고 분석할 것을 요구한다.

(2) 가설을 세우는 방법

가설이 좋은 가설인지 아닌지를 테스트하는 방법으로 QDT(Quick and Dirty Test)가 있다. QDT는 가설이 사실이기 위해서는 어떤 전제가 되어야 하는가를 묻는다. 만약 전제에 문제가 있거나 가능성이 낮다면 그 가설은 좋은 가설이 아니다. 또는 반대로 가설을 틀리게 하는 요인이 무엇인가를 물을 수도 있다.

예를 들어 텔레비전을 보려고 리모컨으로 전원을 눌렀으나 켜지지 않았다. 당신이라면 어떻게 하겠는가? 대부분의 경우에는 리모컨의 건전지가 수명이 다 되었다고 생각하고 새로운 전지로 바꾸어 볼 것이다. 이러한 행동은 '리모컨 건전지의 수명이 다하지 않았을까?'라는 가설이 기초가 된 것이다.

이와 같이 가설을 기초로 분석하고 행동을 한 후, 만약에 이 가설이 맞지 않았을 경우에는 다음의 가설로 넘어간다. '텔레비전 본체의 스위치가 꺼져 있는 것은 아닐까?' '어쩌면 옥내 배전판의 퓨즈가 끊어진 것은 아닐까?' 등의 가설을 세워서 가설에 따라 정보를 수집한다.

거듭하여 설명하지만, 분석이라는 작업은 가설을 세우는 것부터 시작한다. 원인분석도 마찬가지이다. 가설을 세우면서 분석을 한다. 가설을 세운다는 행위가 결여되어 있으면 앞이 보이지 않는 안개 속에서 정보를 수집하게 되는데, 결국은 무엇을 분석하고 있는지 모르게 된다.

또한, 가설이라는 것은 일시적인 생각이나 영감이 아니다. 근거가 있어야 비로소 가설이 될 수 있다. 상기 사례에서 텔레비전이 켜지지 않는다는 예도 '아마 정전이 아닐까?'라는 가설을 세우기보다는 '리모컨 자체에 문제가 있지 않을까?'라는 가설을 세우는 편이 훨씬 현실적으로 근거가 있다고 할 수 있다.

(3) 정보를 수집한다

정보수집 작업은 확인, 계획, 수집의 3단계로 이루어진다. 정보수집의 목적, 아웃풋, 조건의 확인 등이 명확하지 않으면 아무리 작업을 해도 성과를 기대하기 어렵다. 그리고 정보수집의 계획은 정보를 수집하는 코스트를 고려하여 구상해야 하며, 수집하는 단계에서는 양질의 데이터를 얻기까지 포기하지 않는 자세도 중요하다.

정보에는 현재(顕在)정보와 잠재(潛在)정보가 있다. 현재정보란, 이미 세상에 나돌고 있는 정보를 말한다. 예를 들어 인터넷상의 정보와 신문, 잡지 등의 정보를 말한다. 그리고 잠재정보란, 직접 수집한 정보라고 할 수 있다.

예를 들어 앙케트나 인터뷰를 통하여 고객의 소리를 듣는 등의 방법이 있다. 이 경우에는 시장규모, 동일업종의 타사정보, 사내자원 등 다양한 정보를 필요로 한다. 그래서 현재정보만이 아니라, 잠재정보를 수집하는 역량도 발휘되어야 한다.

또한 수집한 정보는 정성정보와 정량정보로 나눌 수 있다. 정성정보란, 파악하는 방법에 따라 변화하는 정보로써 수집한 사람의 주관이 들어간 정보이다. 예를 들면 '가깝다' '많다' '좀 더' 등 파악하는 방법에 따라서 의미가 바뀌는 정보이다. 정량정보란, 정해진 척도에 따라 측정하여 누구든지 똑같이 이해할 수 있는 수치로 나타낼 수 있는 척도 정보이다. 정보원의 종류와 특징을 알기 쉽게 정리하면 〈표5〉와 같다.

표5 | 정보원의 종류와 특징

분류	종류	특징	예
형태	현재정보	이미 세상에 나돌고 있는 정보	인터넷상의 정보, 신문과 잡지 등의 정보
	잠재정보	직접 수집한 정보	인터뷰, 설문조사
성질	정성정보	파악하는 방법에 따라 변화하는 정보로써 수집한 사람의 주관이 들어간 정보	판단, 감정, 아이디어 등
	정량정보	정해진 척도로 측정하여 누구나 똑같이 이해할 수 있는 정보	인구밀도, 경제지표 등의 수치화된 통계

이와 같이 정보수집은 무작정 양적인 것만 요구되는 것이 아니라, 수집하는 정보의 종류, 질, 정보원을 고려하여 가장 적절한 수단을 선택하여 수행되어야 한다. 더구나 수집한 정보를 가공하여 수치화하거나, 객관적으로 판단할 수 있게 분석하도록 지시할 필요도 있다.

인터넷의 발달로 인하여 정보망이 발달한 환경에서는 정보를 수집하는 역량보다는 정보를 선별하는 역량이 더욱 중요하다. 왜냐하면, 관리자에게 요구되는 것은 방대한 정보 중에서 보다 정확하고, 질 높은 판단의 재료로써 유효한 정보를 수집하는 역량이기 때문이다.

인바스켓 트레이닝에서는 가설에 근거하여 정보를 수집하는 일도 중요하지만, 이 과정에서는 수집한 정보의 양을 평가하는 것이 아니라, 양질의 정보를 유효한 방법으로 수집하는 역량을 측정한다고 생각해야 한다.

그리고 정보를 수집하는 경우에도 항상 우선순위를 두어야 한다. 그렇다고 모든 경우의 정보수집이 일률적으로 동일한 우선순위가 정해져 있는 것은 아니므로, 성격에 따라 달라진다. 업무관련 정보수집의 경우, 우선순위를 살펴보면 다음의 〈표6〉과 같다.

표6 | 업무관련 정보수집 우선순위

순위	업무와 관련된 정보
1	○ 자기업무와 직접 관련된 정보 - 담당업무의 수행관련 정보 - 담당업무의 혁신 및 개선에 관한 정보 - 업무와 관련된 정부정책의 변화 등 경영환경 관련정보
2	○ 회사의 영업/매출증대에 기여할 수 있는 정보 - 경쟁사의 신제품 개발 및 R&D에 대한 정보 - 경쟁사 영업에 관한 정보 - 당사 제품관련 수요/평판에 관한 정보 - 고객사의 당사 사업관련 예산/발주 및 Keyman 관련정보
3	○ 회사의 경영정책 및 전략수립에 유용한 정보 - 경쟁사 전략 및 그 변화에 대한 정보 - 경영환경에 대한 정보 - 회사정책/전략수립에 영향을 미칠 수 있는 외부정보
4	○ 기타 경영정보 및 영업정보 - 고객사 등에 대한 주요인사 동정 - 세미나 관련정보, 업계 일반동향 등

(4) 문제를 분석한다

논리적 사고를 통해 문제를 정의하고 세분화하여 정보를 수집하고, 문제별로 가설을 분석하여 그에 대한 해결책을 도출해야 한다.

이와 같이 문제를 분석 및 해결하는 기법과 관련해서 로직트리를 이용한 전통적인 방법, 페르미(Fermi) 추정, 맥킨지 7단계, ECRS 기법 등을 포함하여 최근에는 디자인 씽킹(Design Thinking)에 이르기까지 매우 다양한 아이디어들이 나오고 있다. 인바스켓 트레이닝에서 활용할 수 있는 문제를 정의하고 분석하고 해결하는 기법 중에서 페르미(Fermi) 추정과 ECSR 기법을 중심으로 살펴보고자 한다.

(5) 문제를 분석하는 방법

1) 페르미(Fermi) 추정

문제를 분석하는 방법에는 많은 기법이 있으며, 그 중에서 우선 페르미(Fermi) 추정에 대해 살펴보자. 이를 게스티메이션(Guesstimation)이라고도 하는데, 어떠한 문제에 대해 기초적인 지식과 논리적 추론만으로 짧은 시간 안에 대략적인 근사치를 추정하는 방법을 활용할 수 있다.

이 기법은 이탈리아계 미국인 핵물리학자인 엔리코 페르미(Enrico Fermi, 1901~1954)에 의해 개발되었으며, 그는 기초적인 지식과 논리적인 추론을 통해 짧은 시간 안에 대략의 근사치를 계산하는데 매우 능통했다.

페르미 추정은 정확한 값을 구하기 보다는 스스로 가설을 세우고 문제를 해결해 나가는 과정을 중시한다. 수 많은 페르미 추정 문제들이 있지만 유명한 '피아노 조율사 문제'를 예로 들어보자.

'미국 시카고에 피아노 조율사가 몇 명이나 있을까? (How many piano tuners are there in Chicago?)'라는 질문에 대한 답변에는 피아노 조율사협회가 구성되어 있으면 즉시 전화해서 확인할 수 있고, 통계청의 통계를 이용하면 바로 알 수도 있다. 그러나 여기서 설명하고자 하는 것은 이에 대한 정확한 인원수가 아니어서 확인하기 힘들거나, 문제를 분석하기 어려운 경우에 해결할 수 있는 방법론에 대하여 설명하고자 하는 것이다.

우선, 다음과 같은 몇 가지 가정을 세워볼 수 있다.

① 미국 시카고에는 약 500만 명이 살고 있다.
② 한 가구에는 평균 2명이 살고 있다.
③ 정기적으로 피아노 조율을 받는 가구는 대략 20가구 중 하나이다.
④ 정기적으로 평균 1년에 한번 피아노를 조율한다.
⑤ 피아노 조율사가 피아노 1대를 조율하는데 필요한 시간은 약 2시간이다.
⑥ 피아노 조율사는 하루 평균 8시간, 일주일에 5일, 일년에 50주 일한다.

이런 가정을 근거로 하면 시카고에 거주하는 피아노 조율사의 수는 125명으로 추정할 수 있다.

이와 같이 페르미 추정은 정답이 중요한 것이 아니라, 그 문제를 풀어나가는 프로세스가 얼마나 논리적이고 타당한지를 트레이닝 하는 방법이다. 주어진 문제에 대해서 가설을 세우고, 그것이 맞는지 근거를 수집하고, 논리적으로 분석하여 문제를 해결하기 위한 방안을 도출하는 것이다.

2) ECRS

ECRS는 문제를 해결하기 위하여 문제요소를 제거(Eliminate), 결합(Combine), 재배열 또는 교환(Rearrange), 단순화(Simplify) 등의 4가지 관점에서 고려하는 기법으로 정리하면 다음과 같으며, 창의적인 사고를 하는 기법으로도 많이 알려져 있다.

① Eliminate: 제거할 수는 없는가?
② Combine: 결합할 수는 없는가?
③ Rearrange: 순서를 바꿀 수는 없는가?
④ Simplify: 단순화할 수는 없는가?

라는 질문을 통해 문제를 해결하는 기법이다.

제거(Eliminate)는 문제를 해결하는데 있어서 불필요한 요인을 '제거할 수는 없는가?' '그만둘 수 없는가?' 등을 생각함으로써 장애가 되는 요소를 제거하기 위해서는 '어떻게 해야 하는가?'를 철저히 규명한다.

결합(Combine)은 문제요인을 묶어서 '합할 수는 없는가?'를 생각하는 것으로 몇 가지 요인이나 공정을 함께 할 수 있는지의 여부를 생각해 보는 것이다.

재배열 또는 교환(Rearrang)은 '순서를 바꿀 수는 없는가?'를 생각하는 것으로 진행순서를 바꾸어 문제를 해결하고자 하는 방법이다.

마지막으로 단순화(Simplify)는 '단순화 할 수는 없는가?'를 생각하는 것으로 왜 이런 방법으로 해결해야 하는지 등을 고려하여 간략화 가능성을 찾는 기법이다. ECRS의 개념도는 〈그림4〉와 같으므로 참조하기 바란다.

그림4 | ECRS 기법의 개념

제거(Eliminate)			결합(Combine)
완전 제거 일부 제거	E	C	시기, 순서, 우선순위, 장소 등의 결합
시기, 순서, 우선순위, 장소 등의 재배열 또는 교환	R	S	단순화
재배열 또는 교환(Rearrange)			단순화(Simplify)

(6) 인바스켓 사고

인바스켓 트레이닝에서는 가설에 근거하여 정보를 수집하는 일도 중요하지만, 이 과정에서는 수집한 정보의 양을 평가하는 것이 아니다. 필요한 논리적 가설 하에서 양질의 정보를 유효한 방법으로 모으는 역량을 측정한다고 생각해야 한다.

인바스켓 트레이닝에서 판단에 이용하는 정성적 정보와 정량적 정보는 모두 중요하다. 그러나 테스트에서는 정성정보도 물론 중요하지만, 정량정보가 우선시 되어야 한다.

또한 정보원도 중요하다. 어디에서 정보를 얻었는지도 중요하므로, 인바스켓 트레이닝에서는 정보원이 무엇인가가 명확해야 한다.

3. 창의력

창의력은 새로운 사고나 개념을 찾아내고, 기존에 있던 사고와 개념을 새롭게 조합하는 역량이다. 다시 말해 기존의 프레임을 파괴하는 사고, 여러 가지 정보를 조합하는 대책, 아이디어 등을 내는 역량이다.

이러한 창의력은 처음부터 자신에게는 없다고 부정적으로 생각하고 스스로 개발하지 않는다면 얻을 수 없다. 그러나 개발하면 가능하다고 긍정적으로 생각하고 믿으면, 자신이 믿는 바와 같이 이루어지는 피그말리온(Pygmalion) 효과를 기대할 수 있다. 즉 창의적인 사람으로 바뀔 수 있다고 믿고 그 방법을 실행한다면, 충분히 변화할 가능성이 높다는 것이다.

(1) 창의적으로 생각하는 방법

피그말리온 효과(Pygmalion Effect)를 믿고 긍정적인 사고를 바탕으로 어떻게 하면 목표를 성취할 수 있는 창의력을 개발할 수 있을 것인가? 창의력을 발휘하기 위한 방법으로는 길포드(J. Guilford)의 수렴적 사고와 확산적 사고를 활용할 수 있다.

물론 앞에서 설명한 ECRS도 문제를 분석하는 방법으로 소개하였지만, 창의적으로 생각하는 방법의 하나로 활용할 수 있다. 독자의 기호에 맞게 선택하는 지혜가 필요하다.

1) 수렴적 사고(Convergent Thinking)와 확산적 사고(Divergent Thinking)

수렴적 사고(집중적 사고)는 두 가지 이상의 서로 다른 요소들을 하나로 결합시키면서 생각하는 방법으로, 주어진 하나의 정보를 통하여 가장 안전하고 확실한 대안을 산출하는 사고이다.

이에 비해 확산적 사고(분산적 사고)는 어떠한 대상을 이루는 요소들을 제거하면서 생각하는 방법으로, 기존에 알려지지 않은 새로운 대안을 창출해 낼 수 있는 역량이다. 길포드는 확산적 사고를 창의적인 사고라고 하였지만, 창의력을 개발하는 방법으로 수렴적 사고와 확산적 사고 모두 유효하다고 할 수 있다.

2) 통합적 사고(디자인 싱킹: Design Thinking)

요즘 떠오르고 있는 통합적 사고인 디자인 싱킹은 수렴적 사고(집중적 사고)와 분산적 사고(확산적 사고) 등의 두 단계로 나뉜다. 수렴은 문제에 대한 최선의 답을 구하는 것이고, 분산은 하나의 주제에 대해서 다양한 아이디어를 제공하는 것으로 일명 '다이아몬드' 방식이라고 할 수 있다.

처음에는 브레인스토밍 등을 통하여 사고를 다양하게 확장하여 여러 개의 선택지를 만든 후, 현실적인 제약 등을 고려하여 선택지 중 하나를 선택한 다음, 이를 다듬어 나가는 아이디어 발상방법이다.

3) 수평적 사고(Lateral Thinking)

에드워드 드 보노(Edward de Bono)는 종래의 논리적 사고와 분석적 사고를 수직사고(Vertical Thinking)로 보고 논리성을 높이기 위해서는 유효하지만, 참신한 발상을 하기는 어렵다고 하였다. 이에 비하여 수평사고는 다양한 시점에서 사물을 바라보기 때문에 직감적인 발상을 만들어내는 유일한 방법이라고 주장하였는데, 수평적 사고의 발상 예는 다음과 같다.

① 랜덤 발상법

관련성이 적은 사물을 무작위로 선택하여(혹은 사전에서 무작위로 명사를 선택해도 좋다) 흥미분야와 관련을 지어 새로운 발상을 확대시키는 방법이다. 랜덤으로 발상하기 때문에 일반적으로 생각할 수 없는 유니크한 아이디어를 발상할 수 있다.

예를 들면 요리사가 꽃이라는 명사를 선택했다고 하자. 요리분야를 꽃과 관련시키면, '먹을 수 있는 꽃' '꽃 향기가 나는 디저트' '꽃의 이름으로 통일한 메뉴'등 즐겁고 참신한 발상을 할 수 있다는 것이다.

② 자극적 발상법

어떤 것에 대해서 이러면 좋겠다는 희망, 어느 특정부분의 과장, 혹은 반대로 해 보면 어떨까, 없애 보면 어떨까, 다른 어떤 것과 함께 하면 어떨까 등의 일람을 만들어 그 중에 가장 엉뚱한 것을 선택하여 새로운 아이디어를 바탕으로 하는 발상방법이다.

③ 도전적 발상법

어떤 것에 대해서 이것이 왜 존재하는지, 혹은 무엇을 위함인지를 생각함으로써 새로운 아이디어를 발상하는 방법이다. 예를 들어 커피잔의 손잡이가 왜 있는지를 생각해 본다. 그 결과, 손잡이가 없으면 뜨거워서 들 수 없기 때문일 것이라고 추측할 수 있다. 그렇다면 커피잔의 손잡이 대신 열이 전달되지 않는 손가락 부분의 손잡이나, 컵 홀더와 같이 분리할 수 있는 손잡이를 만들어도 되지 않을까 하는 등의 새로운 아이디어를 발상하는 방법이다.

④ 개념확산 발상법

앞의 확산적 사고(Divergent Thinking)와 중복되는 개념이기는 하지만, 어떤 개념을 다른 사물에 폭넓게 응용할 것을 검토하여 아이디어를 발상하는 방법이다.

⑤ 반증적 발상법

폭넓게 지지를 받고 있는 생각이 잘못된 것이라고 가정하거나, 모두가 명확하다고 생각되는 것에 의문을 갖고, 설득력이 있는 반증을 시도함으로써 새로운 아이디어를 발상한다. 예를 들어 '너무 당연하여 별로인 것 같지 않나요?'라는 식으로 여기에서 중요한 것은 불만에서 출발하는 것이 아니라, 의문에서 출발하는 아이디어 발상방법이다.

(2) 인바스켓 사고

인바스켓 트레이닝에서는 대책입안을 내도록 부하직원에게 지시하는 경우가 많은데, 자신도 대체안을 마련하여 부하직원에게 조언을 하거나 제안을 하여야 한다. 부하직원에게 모든 것을 맡기지 말고, 자신도 창의력을 발휘하여 아이디어를 내지 않으면 안 된다.

또한, 일반사원이라면 누구나 생각할 수 있는 평범한 아이디어가 아니라, 관리자나 리더로서 생각해 낼 수 있는 참신한 아이디어가 요구된다. 하지만 아이디어를 내라고 해도 좀처럼 내지 못하는 사람이 많다. 특히 인바스켓 테스트에서는 마음의 여유가 없기 때문에 더욱 어렵다.

그래서 어떻게 하면 참신한 발상이 나올 것인지를 생각하기 전에 관리자와 리더는 참신한 발상이 왜 필요한지를 생각해 볼 필요가 있다.

기업이나 조직은 항상 변화에 대응하는 것이 바람직하기 때문에 관리자와 리더도 변화에 대응하기 위한 참신한 창의력이 필요하다. 때로는 과거의 생각을 답습하는 일도 필요하지만, 과거의 틀에 너무 사로잡히면 큰 변화에 대응할 수 없게 되어 리스크가 발생한다.

따라서 인바스켓 사고에서는 1) 없앤다 2) 정리한다 3) 축소한다 4) 확대한다 5) 변환 및 교체한다 6) 곱한다 7) 역전시킨다 8) 재이용한다는 등의 방법을 활용하여 창의적인 사고를 해야 한다.

4. 판단력

판단력이란 논리적으로 판단하여 다른 사람에게 명확하게 전달하는 역량을 의미하는데, 판단의 기본은 즉시 결정하거나, 직관으로 결정하는 것이 아니다. 판단력은 전문적인 영역뿐만이 아니라, 일상생활에 있어서도 중요한 부분을 차지하고 있다. 경영환경에서 판단력이란 제한된 자원을 활용하여 기업의 목적과 목표를 달성하기 위해 대안을 찾고, 우수한 대안을 선택하는 역량이다.

사회심리학자 케프너(C.H.Kepner)와 사회학 박사 트레고(B.B.Tregoe)에 의해 개발된 사고법을 활용한 판단방법 중의 하나인 케프너 트레고 분석(Kepner–Tregoe Analysis)에 대해 살펴보면 다음과 같다.

상황분석(Situation Appraisal: SA)에서는 어떤 일이 일어나고 있는가, 문제는 무엇인가를 파악한다. 그리고 왜 그렇게 되었는가, 원인이 무엇인가를 규명하여 문제분석(Problem Analysis: PA)을 한다. 문제분석 이후에는 어떤 조치를 취해야 하는가, 가장 적합한 안이 무엇인가를 생각하는 과정을 통하여 결정분석(Decision Analysis: DA)을 하여 최적안을 선택한다. 앞으로 어떤 일이 일어날 것이며, 이때 어떻게 하면 좋은가? 실행상의 리스크는 무엇이며, 어떻게 대응해야 하는가? 등의 잠재적 문제분석(Potential Problem Analysis: PPA)을 하여 판단하는 프로세스이다.

인바스켓 트레이닝에서도 대부분의 사람이 가장 중요하다고 생각하는 역량은 의사결정력, 즉 판단력이다.

판단력에서 전제가 되는 것은 안건을 처리하기 전부터 이미 판단력이 작용하고 있다는 점이다. 많은 안건 중에서 어떤 안건을 먼저 처리할 것인가를 결정하거나, 안건 자체를 처리할 것인지의 여부를 판단하는 의사결정도 포함되기 때문이다.

판단에 필요한 것은 무엇보다도 논리성이다. 판단의 결과와 그 이유가 논리적인지의 여부가 중요하며, 이유가 명확하지 않는 판단은 인바스켓에서는 판단으로 인정하지 않는다.

(1) 판단 절차

피터 드러커(Peter Ferdinand Drucker)는 자기경영노트에서 판단을 위한 6가지 절차에 대하여 다음과 같이 설명하였다.

1) 문제의 분류

문제의 종류를 아는 것이다. 우선 일반적인 문제인지, 예외적인 문제인지를 확인하여 일반적인 문제는 조직에서 처음 있는 경우라 하여도 일반적인 원칙과 절차를 적용하여 해결한다. 여기서 예외적인 문제는 새로운 원칙을 확립하는 판단을 통해서 해결할 수 있다.

2) 문제의 명확화

무엇이 문제인가? 목표와 현상과의 차이는 해결해야 할 사항을 명확하게 설정하는 것이다.

3) 목적의 명확화

해법의 내용은 무엇이어야 하는가? 다시 말해 판단의 목적을 명확히 하는 것이다. 결정의 목적이 무엇이며, 달성해야 할 목표가 무엇인가를 간결하고 명확하게 정의하면 판단의 성과를 올릴 수 있다.

4) 타협안의 선별

세부적인 내용을 경계조건이라고 하는데, 경계조건에 맞춘 수용 가능한 해결책보다는 올바른 것이 무엇인가를 분명히 하는 것이다. 어떤 것이 수용 가능한지로 타협을 한다면 아무 것도 얻지 못할 것이다. 올바른 타협과 잘못된 타협을 알기 위해서라도 옳은 것이 무엇인가에 대해 충분히 생각하고 올바른 타협을 해야 한다.

5) 실행

해결책을 정확하게 실행하기 위한 방책은 무엇인가? 어떻게 실행에 옮길지를 미리 판단하여 계획하여야 한다. 이 계획의 실행 책임자는 누구이며, 언제까지 실시하여야 하는지, 어떻게 실시할 것인지 등을 명확하게 해 두지 않으면, 판단은 그대로 방치될 수 있다.

6) 해결책의 유효성 검증

어떻게 실행하였는가? 이러한 방법으로 문제해결이 되었는가? 이 판단으로 인한 결과는 어떠했는가를 정확히 파악하고, 실행한 것을 지속적으로 검증하기 위해서는 피드백을 해야 한다. 판단이 초래한 현실을 알기 위해서도, 그리고 판단의 잘못을 정정할 기회를 가지기 위해서도 피드백은 반드시 필요하다.

(2) 판단의 함정

마이클 J 모브신(Michael J. Mauboussin)은 '자신이 있는 사람일수록 빠지기 쉬운 8가지 판단의 함정'에서 잘못된 판단을 내리는 요인에 대해 다음과 같이 열거하였다.

첫째, 자신의 실력은 평균 이상이고, 자신의 미래는 남보다 밝으며, 남들이 컨트롤 할 수 없는 현상을 컨트롤 할 수 있기 때문에 자신은 잘 될 것이라고 생각한다. 결국 과신으로 인해 잘못된 판단을 한다.

둘째, 맞다고 생각되는 답안이 순간적으로 떠오르거나, 인센티브가 있으면 최적이 아니어도 선택을 하기 때문에 다른 선택사항을 고려하지 못한다. 이러한 판단을 하는 사람의 상당수는 다양한 선택사항을 고려하지 않아 실패한다.

셋째, 전문가가 기능하는 것은 스포츠, 의료 등의 한정된 영역일 뿐이며, 경제나 정치의 예측에는 전문가보다는 집합지가 우위인데, 전문성이 기능하지 않은 부문에서도 전문가의 의견을 그대로 수용하여 잘못된 판단을 한다.

넷째, 과거의 정보에 의해 떠오른 특정개념이 이후에 제시되는 정보의 해석에 영향을 미치는 현상을 프라이밍 효과(Priming Effect: 점화효과)라고 하는데, 주위의 상황에 크게 영향을 받는 판단을 한다.

다섯째, 어떤 일을 할 때에는 사물의 세부적인 것을 살펴야 할 필요도 있지만, 그보다 중요한 것은 전체를 바라보고 판단하는 역량과 융통성이 있어야 한다. 좀더 덧붙이면 앞에서도 설명한 '새의 눈, 물고기의 눈, 벌레의 눈'을 갖지 못하면 정확한 판단을 하지 못한다.

여섯째, 어떤 상황에 들어맞는다고 해서 반드시 모든 상황에 맞는다고 할 수 없는데, 인간은 종종 하나의 상황에서 얻은 교훈이나 경험을 다른 상황에도 적용하려고 한다. 성공의 열쇠나 승리의 방정식 등을 그대로 인정하지 말고, 정답은 때와 경우에 따라 다르므로 판단을 할 때 신중하게 검토해야 한다.

일곱째, 마이너스 피드백은 시스템을 안정시키는 한편, 플러스 피드백은 변화를 촉진한다. 그러나 어느 한쪽의 반응이 너무 강하면 시스템의 균형을 무너뜨리는 원인이 되어 크리티컬 포인트(Critical Point: 임계점)에 이르러 지금까지의 상황과는 완전히 다른 양상을 보이기 때문에 상황을 고려하여 판단을 해야 한다.

여덟째, 일반적인 성공은 어느 정도의 재능과 운, 큰 성공은 어느 정도의 재능과 많은 운이 작용한다. 업적이 좋은 회사는 무엇이든 훌륭하다고 칭찬받는 헤일로 효과(Halo Effect: 후광효과)를 누리고 있는지의 여부를 고려하여 운과 실력을 혼동하여 잘못된 판단을 하지 않도록 한다.

위에서 살펴본 8가지 잘못 판단하는 요인에 대하여 간략하게 요약하면 다음과 같다.

1) 자신은 잘 될 것이라고 생각한다.

2) 다른 선택지를 고려하지 못한다.

3) 전문가의 의견을 그대로 수용한다.

4) 주위의 상황에 크게 영향을 받아서 판단을 한다.

5) 전체를 보지 못한다.

6) 때와 경우에 따른 고려를 하지 않는다.

7) 상황의 변화를 고려하지 않는다.

8) 운과 실력을 혼동한다.

따라서 다음의 판단유형이 어떤 분류에 속하는지를 고려하여 단점을 극복하면서 자신이 있는 사람일수록 빠지기 쉬운 판단의 8가지 함정에 주의하고, 〈표7〉의 판단의 유형별 특징을 참조하여 함정에 빠지지 않도록 해야 한다.

표7 | 판단의 유형별 특징

분류	특징
카리스마형 (Charismatic)	• 새로운 아이디어와 제안에 처음에는 매우 적극적이지만, 균형 잡힌 정보에 의거하여 최종적인 결정을 한다.
사색형 (Thinker)	• 단일 미팅에서는 반대되는 관점을 제시하고, 판단을 하기 전에는 모든 옵션을 주의 깊게 검토한다.
회의주의형 (Skeptic)	• 자신의 가치관에 적합하지 않은 데이터에 대해서는 항상 의구심을 가지고 있으며, 자신의 본능적인 감성에 기초하여 판단을 한다.
추종형 (Follower)	• 신뢰받는 경영자나 자신이 과거에 유사한 판단을 어떻게 했느냐에 기초하여 판단을 한다.
통제형 (Controller)	• 자신이 가지고 있는 두려움이나 불확실성 때문에 명백한 사실과 분석(pure facts & analytics)에 집중한다.

(3) 인바스켓 사고

인바스켓 트레이닝에서 대부분의 사람이 가장 중요하다고 생각하는 역량은 의사결정력, 즉 판단력이다. 판단력에서 전제가 되는 것은 안건을 처리하기 이전부터 이미 판단력이 작용되고 있다는 점이다. 많은 안건 중에서 어떤 안건을 먼저 처리할 것인가를 결정하거나, 안건 자체를 처리할 것인지의 여부를 판단하는 의사결정도 포함되어 있기 때문이다.

즉, 안건의 흑백을 가린다는 의미뿐만이 아니라, 회색도 있을 수 있으며, 색을 구분하지 않는 판단도 있을 수 있다. 색을 구분하지 않는다는 것은 '이 안건은 중요하지 않기 때문에 무시한다'는 등의 답안으로 실제로 이와 같이 답변하는 학습자도 있다. 이것도 훌륭한 판단의 하나이다.

판단에 필요한 것은 우선 논리성이다. 판단의 결과와 그 이유가 논리적인지의 여부가 중요하며, 이유가 명확하지 않은 판단은 인바스켓에서는 판단으로 인정하지 않는다.

판단의 패턴은 수없이 많이 존재하며, 인바스켓 트레이닝으로 판단력을 한층 향상시키고 싶다면, 우선은 자신이 어떠한 판단의 방법을 택하고 있는지를 인식할 필요가 있다.

5. 통찰력

관찰력과 통찰력을 간단하게 비교해 본다면, 관찰력은 눈에 보이는 부분을 보는 능력이고, 통찰력은 눈에 보이지 않는 부분을 간파하는 역량이다.

관찰력은 상대의 외형이나 버릇, 얼굴색 등 눈에 보이는 부분을 구체적으로 자세하게 보는 능력을 의미한다. 예를 들면, '어제와 같은 양복이다' '오늘은 평상시와 화장이 다르다' '얼굴색이 나쁘다'등 세밀하게 살피는 능력이다.

이에 비해 통찰력은 관찰한 사항으로부터 상대의 컨디션이나 기분 등 눈에 보이지 않는 부분을 간파하는 역량이다. 예를 들면, '기분 나쁜 일이 있었나?' '컨디션이 안 좋은가?' 등이다.

통찰하려면 관찰이 중요한데, 이 경우 무엇보다 관찰력이 있는 통찰력이 필요하다. 사소한 안색변화나 평소보다 움직임이 느린 것 등을 알아채는 것이 관찰력이고, 이로부터 컨디션이 좋지 않은 것인가, 기분 나쁜 일이 있어서인가 라고 그 원인이나 심리상태를 파악하는 것이 통찰력이다.

따라서 인바스켓에서 통찰력이란 전체적인 흐름이나, 다른 안건과의 관련성 등을 파악하여 판단을 하거나, 명확한 계획을 작성하는 역량을 의미한다.

(1) 관리자의 통찰력

통찰력을 기르는 방법은 다양하지만, 관리자에게 필요한 방법과 리더에게 필요한 방법으로 나누어 살펴보고자 한다.

우선 관리자에게 필요한 통찰력을 기르기 위해서는 첫째, 하지 않아도 되는 일을 찾아낸다. 꼭 해야만 하는 것은 금방 눈에 띄게 마련이지만, 하지 않아도 되는 일은 좀처럼 보이지 않는다. 원래, 모든 일을 완벽하게 한다는 생각은 무리가 있다. 우리에게 주어진 시간에는 한계가 있기 때문인데, 이때 영향도라는 관점에서 이 일을 하지 않으면 어떤 손실과 손해가 발생하는가를 살펴보아야 한다.

둘째, 팩트가 무엇인가를 찾아낸다. 우리는 듣고 본 것을 모두 팩트라고 생각하는 경향이 있다. 그러나 일에서 간단하게 팩트가 보이는 상황은 사실 그렇게 많지는 않다. 하지만 '팩트를 찾아내는 관점'을 가져야 한다. 팩트를 정확하게 파악하지 않으면 판단의 정밀도가 떨어진다. 반대로 이러한 관점이 있으면 증명을 하는 등의 방법으로 보이지 않는 팩트를 찾아낼 수 있다.

셋째, 다른 방법을 찾아낸다. 과거의 방법이나 지금까지의 경험이 아이디어를 가로막아 보이지 않게 하는 경우가 있다. 당연한 것, 상식, 지금까지의 경험 등은 새로운 발상을 방해하는 요인이 된다. 그러므로 기존의 틀에서 벗어나서 대신할 대책을 찾아내는 관점을 갖기 바란다.

넷째, 근거를 찾아낸다. 행동의 이면에는 반드시 근거가 있다. 그 근거를 파악하지 못하면 엉뚱한 행동을 하게 되므로, 근거를 찾아내는 시각을 길러야 한다.

다섯째, 판단에 대한 리스크를 찾아낸다. 리스크가 있다고 판단을 하지 않는 것이 아니라, 판단한 다음에 리스크를 최소화하기 위한 판단을 내리고, 이에 대한 리스크를 간파해야 하며, 그러기 위해서는 판단한 이후를 예측해야 한다. 이때 약간 부정적으로 예측을 하면, 리스크가 보여 한층 더 좋은 판단을 할 수 있다.

여섯째, 전체의 흐름을 찾아낸다. '새의 눈, 물고기의 눈, 벌레의 눈을 가져라'라는 말처럼 지금 현재만을 보는 것이 아니라, 반드시 전체의 흐름을 읽는 눈을 가져야 한다.

일곱째, 상대가 요구하는 것을 간파한다. 상사나 회사가 자신에게 무엇을 요구하고 있는지를 파악해야 한다. 자신에게 요구하는 것이 있다는 것을 인지한다면, 동시에 자신에게 해야 할 일을 요구하는 사람이 있다는 의미이다. 이를 간파하지 못한다면 직접 확인함으로써 현재 하고 있는 행동이 정말로 필요한 것인지의 여부를 확인할 필요가 있다.

(2) 리더의 통찰력

존 맥스웰(John Maxwell)의 리더십 불변의 법칙에 의하면, 리더의 통찰력을 기르는 방법은 다음 5가지로 정리할 수 있다.

첫째, 리더는 상황을 읽어야 한다. 리더들은 어떤 상황에서도 다른 사람들이 사소하다고 생각해서 지나치기 쉬운 문제를 찾아 낼 수 있어야 한다.

둘째, 리더는 트렌드를 읽어야 한다. 리더들은 관리자들보다 더 큰 시야를 가져야 한다. 리더는 사건이 일어나는 상황에서 뒤로 물러나 조직이 지금 어느 선상에 있는지를 알고, 더불어 미래에 어디로 갈 것인지를 볼 수 있는 역량과 책임을 갖추어야 한다.

셋째, 리더는 자원을 읽어야 한다. 리더와 다른 구성원들의 차이점은 자원(Resources)을 보는 시각이다. 리더는 개인 자원의 노력보다는 여러 사람들을 동원하고 유한한 자원을 활용하여 목표를 달성하는 데 초점을 맞출 수 있어야 한다.

넷째, 리더는 사람을 읽어야 한다. 리더는 직관의 도움을 받아 지금 사람들 사이에 어떤 일이 일어나고 있는지를 느끼고, 거의 즉각적으로 그들의 요구, 두려움, 걱정을 파악해야 한다. 리더는 어떤 일이 일어나고 있는지 즉 호기심, 의심, 망설임, 혹은 기대나 관심 등 분위기와 상황을 즉시 파악할 수 있어야 한다.

다섯째, 리더는 자기 자신을 읽어야 한다. 리더는 자신의 장점, 약점, 기술뿐만 아니라 현재 자신의 마음 상태까지도 잘 알아야 한다. 제임스 로웰(James Lowell)은 자기 자신과의 관계에서 100퍼센트 진실하지 못한 사람은 그 누구도 큰 업적을 남길 수 없다고 하였다.

조직이 지속적으로 발전하려면 구성원 모두가 상당한 자질을 갖추고 있어야 한다. 조직이 일반적인 비즈니스 태도와 소양을 지니고 있고, 또한 지혜를 갖추고 있다면 그 조직은 발전이 가능하다. 반대로 그렇지 못하다면 그 조직의 미래는 보이지 않는다.

리더는 조직의 구성원이 변화하도록 독려하고, 목표에 대한 명확한 기치를 세워 분위기를 만들어 가야 한다. 그러나 가장 중요한 것은 리더 자신이므로 균형적인 통찰력이 필요하다.

(3) 인바스켓 사고

통찰력을 실무에서 발휘하는 사람은 매우 드물다. 대부분의 사람은 눈앞의 일에 쫓겨서 앞을 내다 볼 여유가 없다. 그러나 관리직과 리더가 앞을 내다보지 못한다면 팀을 이끌어나가기 어렵다. 그렇다면 어떻게 하면 통찰력을 발휘할 수 있을 것인가?

통찰력을 발휘하는 사람은 다음과 같은 특징이 있다. 우선 '관찰하는 능력'이다. 전체의 흐름이나 배경, 그리고 부분적인 움직임을 잘 관찰한다. 왜냐하면 관찰을 하지 않으면 앞을 내다볼 수 없기 때문이다. 전체의 흐름과 배경, 전제조건이 개별 안건의 판단에 미치는 영향은 동일한 인바스켓 문제를 반복하여 트레이닝을 하면 이해할 수 있게 된다.

인바스켓 테스트에서도 우선 개별안건을 처리하면서 포괄적인 입장에서 전체의 흐름을 파악할 필요가 있다. 눈앞의 안건을 처리하는 것에 급급해서는 안 된다. 문제 속의 기업방침과 이를 둘러싼 환경, 또는 각각의 상황에 따라 안건을 판단하거나, 처리하는 내용이 크게 바뀌게 된다.

일단 모든 안건을 읽고 나서, 처음에는 파악하지 못한 전체의 흐름이나 상황이 보인다. 통찰력이 뛰어난 사람은 처음부터 이를 파악할 수 있으므로, 바로 개별 안건을 판단하는데 활용할 수 있다. 이러한 통찰력을 키우려면 의식적으로 관찰하는 안목을 다양화한 다음 전체를 파악할 수 있도록 하여야 한다.

넓은 안목을 가지고 있으면, 안건 간의 관련성을 파악할 수 있게 된다. 그러나 유감스럽게도 대부분의 사람이 하나의 안건을 단독으로 처리하는 경우가 많은데, 이는 여러 안건을 연결시키는 역량이 부족하기 때문이다.

특히, 인바스켓처럼 시간이 제한되었거나, 정보가 부족한 상황에서 내리는 판단은 여유가 없기 때문에 안건을 하나의 문제로 파악하게 된다.

6. 계획조직력

집단과 조직의 차이점은 집단이란 단순한 사람들의 모임이고, 이에 비하여 조직은 공통목적(비전, 방향성, 이념)을 가지고, 커뮤니케이션을 통해서 그 목적을 달성하려는 사람들의 모임이다.

관리자와 리더는 정상적으로 운영될 수 있도록 조직을 만들 필요가 있는데, 이것을 조직화(Organizing)라고 한다. 조직화라고 하면 어렵게 느낄 수도 있지만, 조직화란 계획한 바를 효과적, 효율적으로 실행하기 위한 조직체계를 구축하는 것이다. 그리고 부하직원이나 조직을 유효하게 활용하여 효율적이고, 효과적으로 조직을 운용하는 역량을 계획조직력이라 한다.

지시하는 것과 실행하는 것은 다르다. 이 둘을 분리해서 생각하지 못하는 경우, 모든 것을 자신이 혼자 처리하려는 경향을 보이게 된다. 신입사원이라면 괜찮은지 몰라도, 관리자와 리더로서는 실격이다.

우선 누구에게 지시를 내릴 것인지에 대한 적임자의 설정이 중요하다. 적임자를 설정하는데 있어 잘못되기 쉬운 것은 우수한 부하직원에게 지시가 집중되는 경우나, 역량이 부족하거나 실행이 불가능한 부하직원에게 지시를 내리는 것이다.

지시를 내리는 일은 간단한 것 같아도 실제로는 매우 어렵다. 해야 할 일을 항목별로 기록하여 부하직원에게 전달하는 것만으로는 충분한 지시를 내렸다고는 할 수 없다. 부하직원에게 동기를 부여하기 위해서라도 지시내용의 목적과 이유를 명확하게 전달할 필요가 있다.

또한 지시를 실행하는 중에 장해가 발생했을 때의 대처방법에 대해 조언하는 것도 목적을 달성하기 위해서 추가되어야 할 행위이다.

(1) 계획조직력의 기본원칙

1) 전문화의 원칙

전문화란 업무의 분업화와 거의 동일한 의미이다. 전문화함으로써 역할에 전념할 수 있으며, 지식 및 역량의 향상, 효율적인 업무수행을 할 수 있다.

인원이 한정된 중소기업에서는 복수의 역할을 담당할 수 있는 인재가 요구되어 인재육성과 업무의 간소화 등의 구조 만들기가 필요하다.

2) 권한과 책임 일치의 원칙

조직을 구축하고 운영함에 있어서 중요한 원칙이 주어진 역할(직무)에는 이에 상응하는 권한과 책임이 일치해야 한다. 주어진 권한 이상으로 책임을 지게 되면, 책임에 대한 부담으로 인하여 모티베이션은 저하되겠지만, 반대로 권한을 위양 받은 부하직원은 업무에 대한 모티베이션이 향상될 것이다.

즉 부하직원에게 권한을 이양했을 때, 부하직원의 권한이 책임보다 크고, 상사의 권한이 책임보다 작은 경우, 상사는 부하를 책임져야 하는 등 권한 이상의 책임이 발생한다. 그러면 상사의 모티베이션은 저하될 것이다.

이와 같이 권한과 책임이 불일치할 경우에는 큰 단점이 있다. 주어진 권한의 범위에서 할 수 있는 것만 생각하게 되기 때문에 새로운 도전이나 발상을 기대하기는 어렵다. 또한, 권한은 주어지는 것이 당연하다고 생각하여 신뢰를 쌓아 올리고 보다 많은 권한을 얻으려는 의식이 희박해진다. 따라서 젊은 사람이 도전하기를 바란다면, 권한은 부여하되 책임은 상사가 지는 것도 중요한 테크닉의 하나이다.

리더는 보다 높은 목표를 항상 의식할 수 있는 시스템을 만들고, 필요에 따라 유연하게 권한을 부여함으로써 이러한 단점을 회피해야 한다.

3) 통제범위(관리의 폭)의 원칙(Span of Control)

한 사람의 상사가 유효하게 지휘 감독할 수 있는 부하직원의 수가 너무 많으면 관리가 잘 되지 않고, 또한 너무 적어도 과잉관리가 된다.

따라서 통솔의 범위는

① 업무의 성질: 직무가 단순하고 동질의 것인가?
② 시간적 요인: 신설된 조직인가? 아니면 기존의 조직인가?
③ 공각적 요인: 부하직원이 지역적으로 어느 정도 분산되어 있는가?
④ 역량과 성격: 상사와 부하직원의 역량과 성격은 어떤가?

등을 고려하여 정해야 한다.

일손이 모자라는 직장의 플레잉 매니저(Playing Manager)가 현장 일을 겸무하는 경우, 통제범위가 좁고 부하직원을 육성할 수 없다는 문제가 있다. 관리직 양성지원이나 과도한 부담에 대한 배려도 필요하다.

4) 명령 일원화의 원칙

조직구성원은 오직 한 명의 관리자로부터 명령을 받고, 그 관리자에게 보고해야 한다는 의미이다. 경영자가 관리직을 뛰어넘어 부하직원에게 직접 명령하는 지휘명령 계통이 교차하는 직장에서는 하부

조직이 불안하거나 관리직을 육성하기 어렵다는 폐해가 발생한다. 따라서 지휘명령은 직접 상위자가 해야 하지만, 종적의 관계조직이 되기 때문에 횡적인 제휴를 도모할 필요도 있다. 또한, 전문성을 가진 다른 상사로부터 명령을 받는 것이 효율적으로 부하직원의 역량을 육성하는 경우도 있다.

(2) 조직 매니지먼트

1) 전체최적

성과를 올리도록 조직을 관리하려면, 전체최적을 목표로 하여야 한다. 각 부문이 제각각 최적화를 목표로 하는 활동(부분최적)을 하면 성과는 오르지 않고, 약한 부분이 있으면 그 조직은 하향평준화 레벨이 되어 버린다.

전체최적이 되려면, 각각의 영향을 고려하여 전사적으로 하나가 되어야 한다. 이때 필요한 것은 종업원의 높은 모티베이션과 이를 동기화하는 리더십이다.

2) PDCA 사이클

〈그림5〉와 같이 Plan(계획) → Do(실행) → Check(검증) → Action(개선) 등의 활동을 반복하여 계속적인 업무의 프로세스 개선을 실시하는 기법이다. 너무 고전적인 기법이라 모든 책에서 설명하고 있어 가볍게 지나치기 쉽지만, 가장 기본이 되는 기법이다.

그림5 | PDCA 사이클

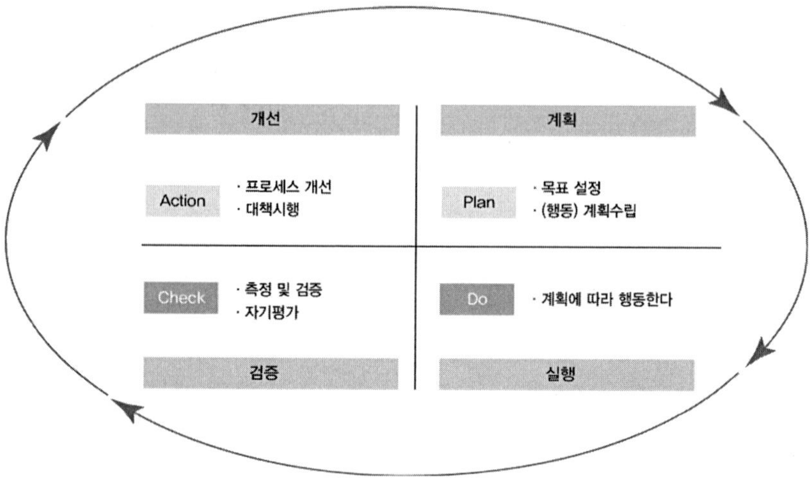

3) 보고, 연락, 상담

문제가 발생하면 소통이 잘 되는 조직은 신속히 보고가 올라온다. 보고, 연락, 상담 등은 업무를 원활히 진행하기 위해서뿐만이 아니라 실수나 클레임, 트러블을 줄이기 위해서도 필요하다. 보고, 연락, 상담이 철저하지 않을 경우, 룰을 철저히 하는 커뮤니케이션의 재검토 등이 필요한데, 이때 보고, 연락, 상담 등을 하는 체크 리스트를 활용하면 더욱 효과적인 조직 매니지먼트가 가능하다.

■ 보고, 연락, 상담 등을 하는 사람의 체크 리스트

번호	항목	체크
1	나쁜 일(실수, 크레임 등)을 신속하게 보고하는가?	
2	종료되면 지시가 있기 전에 보고하는가?	
3	장기적으로 진행되는 업무는 중간보고를 하는가?	
4	결과를 먼저 전달한 후, 경과에 대하여 구체적으로 전달하는가?	
5	주관이나 억측을 개입하지 않고 객관적인 사실을 전달하는가?	
6	귀찮아하지 않고 연락하는가?	
7	정확하게 전달되었는지 확인하는가?	
8	상담 포인트를 미리 정리하는가?	
9	상대의 질문을 미리 예상하는가?	
10	여유를 가지고 의논하는가?	

■ 보고, 연락, 상담 등을 받는 사람의 체크 리스트

번호	항목	체크
1	바람직하지 않은 보고라도 화를 내지 않고, 보고를 받는가?	
2	부하직원이 보고, 연락, 상담 등을 하기 쉬운 상황과 환경을 만들었는가?	
3	언제까지 보고하도록 지시하는가?	
4	보고의 방법 등을 구체적으로 제시하는가?	
5	자신도 필요한 정보를 전달하는가?	
6	귀찮아하지 않고 듣는 자세를 취하는가?	
7	어디까지 이해했는지를 서로 확인하는가?	
8	적절한 조언을 충분히 하는가?	
9	보고에 대해 부정하지 않고, 부하직원에게 생각하도록 유도하는 질문을 하는가?	
10	자신이 책임을 져야 할 부분도 상사에게 보고하는가?	

(3) 인바스켓 사고

적임자에게 지시를 내리는 역량은 관리자와 리더에게 있어 필요불가결한 것이다. 적임자를 결정하는 포인트는 정말로 이 안건이 해당 직원이어야만 하는지, 더 직위가 낮아도 충분히 처리가 가능한 것은 아닌지 등의 판단 필터를 통해야 한다.

부하직원이 할 수 있는 일을 자신이 처리하는 것, 담당사원이 할 수 있는 일을 계장이나 대리에게 처리하도록 지시를 하는 것도 인재라는 자산을 유효하게 활용한다고 할 수는 없다.

다음으로는 지시를 정확히 실행하도록 보충지시를 내렸는가 하는 점도 중요하다. 예를 들어 순서를 매겨서 지시를 실행하도록 하는 것도 그 중 하나이다. "먼저 ○○를 하고 나서, ◎◎를 하도록!"과 같이 우선순위를 매겨서 지시를 내린다.

지시를 내리는 일은 간단한 것 같아도 실제로는 매우 어렵다. 해야 할 일을 항목별로 기록하여 부하직원에게 건네주는 것만으로는 충분히 지시를 내렸다고 할 수 없다. 부하직원에게 동기를 부여하기 위해서라도 지시내용의 목적과 이유를 명확하게 설명할 필요가 있다.

또한, 지시를 실행하는 중에 장해가 발생했을 때의 대처방법에 대해 조언하는 것도 목적을 달성하기 위해서 필요한 행위이다. 리스크가 발생했을 때에 어떻게 대응하면 좋을지에 대해 미리 보충하여 지시를 해 두는 것도 목표달성의 확률을 높이는데 효과적이다.

판단을 내린 내용을 확실히 달성할 수 있도록, 예상되는 장해에 대하여 지원적인 지시를 내리는 일도 유효하다.

7. 당사자의식

오랜 동안 오너십(Ownership)은 우리 말로 주인의식이라는 단어로 사용되어 왔고 지금도 그렇게 사용되고 있다. 그러나 직원에게 주인의식을 가지라고 강조를 한다고 해도 단어 자체에서 주는 강한 이미지로 인해 설득시키기 어려운 것이 현실이다.

물론 책임감을 가지라는 의미라는 것은 알지만, 회사 주인이 아닌데 왜 주인의식을 가져야 하느냐는 질문에는 답변하기 어려운 측면이 있어 부정적으로 해석하는 경향도 많다. 그래서 주인의식보다는 당사자 의식이나 주체의식이 적합한 표현이라고 할 수 있는데, 주체의식은 주체사상이라는 단어와 혼동할 여지가 있어 피하고자 한다. 그래서 책임의식을 가지라는 의미로 당사자의식이 합리적인 표현이라고 생각한다.

당사자 의식이란 주체적으로 판단을 하고, 자신 또는 팀에게 무엇이 요구되고 있는지를 인지하는 역량이다.

따라서 당사자 의식이 없다는 것은 '주체성이 없다' '수동적이다' '책임감이 없다' 등으로 표현되는데, 당사자 의식이 없는 관리자와 리더가 증가하고 있어서 기업에서도 머리를 썩히고 있다.

(1) 당사자 의식과 방관자 의식

당사자 의식의 좋은 사례를 들어보자. 록펠러(John Davison Rockefeller)의 후계자인 애치볼드(J. D. Archbold)의 이야기이다. 미국의 스텐더스 석유회사(Standard Oil Co.)에 애치볼드라는 신입사원이 입사를 하였다. 그는 항상 자신의 이름을 적고 그 옆에 '한 통에 4달러, 스텐더스 석유회사'라고 적었다. 동료들은 그렇게 한다고 회사에 무슨 도움이 되겠느냐고 바보 같은 짓이라며, 그를 조롱하는 의미로 '4달러 사나이'라고 불렀다.

일에 대한 열정이 남달랐던 그는 출장을 가서도 묵는 호텔 숙박부에 자신의 이름과 함께 '한 통에 4달러, 스텐더스 석유회사'라고 적었다. 혹시 손님 중에서 갑자기 석유가 필요한 사람이 있다면 숙박부를 본 종업원들이 이 연락처로 연락할 확률이 높을 것이라는 이유에서였다.

소문을 들은 록펠러가 애치볼드를 한번 만나보자고 하였는데, 이때의 만남을 계기로 애치볼드는 훗날 록펠러의 뒤를 잇는 후계자가 되었다.

이와 같이 누가 시키지 않아도 사원이 대리처럼 일하고, 대리가 과장처럼 일하는 자세가 필요한데, 최근 설문조사에 따르면 10명중 6명은 최선을 다하지 않는다고 한다. 그 이유는 충분한 보상이 이루어지지 않고, 열심히 하면 할수록 일이 늘어나기 때문에 능력의 60%만 발휘한다고 한다. 이와 함께 '일(Work)과 삶(Life)의 균형(Balance)'이라는 뜻으로 워라벨을 중시하는 경향의 노동관이 변화하면서 '당사자 의식'이라는 본래 관리자와 리더가 지녀야 할 마음가짐이 점점 없어지고 있는 추세이다.

모두가 이와 같은 생각으로 일을 할 때, 다르게 생각하고 적극적으로 당사자 의식을 갖고 노력한다면 애치볼드와 같은 위인이 나올 것이다. 하지만 당사자 의식이 희석되는 일은 향후에도 피할 수 없는 경향일지도 모르겠지만, 제4차 산업혁명에서 필요로 하는 의식은 당사자 의식을 갖고 주체적으로 수행해 나가야 하는 업무가 증가할 것으로 예측된다.

그리고 당신의 동료들이 "우리 회사는 ○○때문에 안 된다"라고 말하더라도 결코 마음 속으로 동조하는 일이 없도록 해야 한다. 이러한 당사자 의식과는 반대인 '방관자 의식'은 전염되기 쉽다.

이와 함께 회사나 사용자 측에서도 조직의 구성원이 자신의 일처럼 관심과 열정을 갖고 개선과 변화에 참여할 수 있는 기본적인 환경과 시스템이 되도록 개선해야 한다.

당사자 의식의 반대 개념인 방관자 의식을 대비하여 비교하면 다음의 〈표8〉과 같다.

표8 | 당사자 의식과 방관자 의식의 비교

당사자 의식	방관자 의식
* 스스로 찾아내서 일한다	* 누가 봐야 일한다
* 미래를 내다본다	* 오늘만 본다
* 힘든 일도 즐겁게 한다	* 즐거운 일도 힘들게 한다
* 소신을 갖고 일을 한다	* 남의 눈치만 본다
* 스스로 행동한다	* 시키는 일만 한다
* 자신이 책임을 진다	* 책임을 전가한다
* 알고 행동한다	* 적당히 행동한다
* 일할 시간을 따진다	* 쉬는 시간을 따진다
* 잘 할 수 있는 방법을 찾는다	* 일을 피할 수 있는 핑계를 찾는다
* 내일을 위해 오늘의 고통을 참는다	* 내일을 위해 오늘의 고통을 피한다

(2) 인바스켓 사고

1) 어떠한 일이라도 적극적으로 받아들이려는 기본자세를 갖는다

당사자의식을 갖고 일을 처리하면 업무가 더욱 증가하여 힘들게 된다고 생각하는 사람도 있을 것이다. 그럴 수도 있지만, 조직의 일원으로서 우선 자신이 받아들여 판단을 하고, 처리는 적임자에게 맡기는 형태가 바람직하다. 무엇보다 중요한 것은 받아들이는 자세이다.

관리자와 리더의 안건처리 스타일은 다양하지만, 가장 바람직하지 않은 것은 본래는 자신이 판단해야 할 사항인데도 불구하고 가능하면 자신이 판단을 하지 않으려는 자세이다. 이러한 타입의 관리자와 리더는 어쨌든 안건처리를 피하는 것이 당면 목표여서 타인에게 전가하는 것에 최선을 다한다.

이를 업무전가형이라고 하는데, 어떻게든 업무를 타인에게 전가하

려는 태도로 일을 하고 있기 때문에 본래 자신이 판단해야 할 안건까지 타인에게 전가시킨다. 이는 스스로 안건을 처리할 자신이 없고, 자신이 내린 판단에 책임을 지고 싶지 않다는 것을 나타낸다.

2) 자신에게 무엇이 요구되는가를 파악하는 것이 중요하다

대부분의 사람은 타인의 약점은 잘 알지만 자신의 약점은 잘 모르며, 타인이 해야 할 일은 잘 알아채지만 자신이 해야 할 일이나 놓여 있는 입장과 자신에 관한 정보에는 둔하다.

조직이 자신에게 무엇을 요구하고 있는지를 헤아리는 일은 매우 중요하다. 구체적으로는 팀의 과제를 명확히 하기 위한 정보수집, 멤버의 의견을 경청하는 것 등이다. 안건처리 자체에는 필요가 없다고 해도 관리자와 리더로서 비전을 만들기 위해서는 가장 먼저 정보를 수집해야 한다. 그리고 수집한 정보를 바탕으로 적극적이고 책임감 있게 업무를 수행해야 한다.

3) 자신의 위치나 입장을 명확하게 하는 것이 중요하다

마지막으로 자신이 관리자나 리더가 되었다는 것, 그리고 어떻게 조직을 운영할 것인가를 다른 사람에게 명확히 표명하는 것이 중요하다. 반드시 상세한 내용이 아니어도 괜찮다. 주위에 자신이 팀의 리더가 되었음을 분명히 밝힌다. 이러한 행동은 당사자로서 자각을 하고 있음을 나타낸다.

자신이 관리자나 리더가 되었다는 것과 더불어 새로운 상사의 부하가 되었음을 잊어서는 안 된다. 상사에게도 관리자나 리더로 취임을 했다는 것과 자신의 포부를 전달하는 것이 좋다. 상사로부터는 일종의 기대를 받게 될 것이고, 상사의 기대에 확실하게 부응하겠다는 의사를 전달하는 것도 당사자로서의 자각이라고 할 수 있다.

한편으로 조직운영에 대한 지원이나 조언을 청하는 일도 빠뜨릴 수 없다. 이제부터 개인으로서가 아니라, 팀의 리더, 아니 팀의 화신으로 행동해야 한다. 그러기 위해서는 관계부서에 원조와 지원을 요구하는 행위는 조직운영을 지장 없이 하기 위한 당사자 의식을 나타내는 것이며, 당사자 의식을 상실하는 일이 없도록 인바스켓 트레이닝으로 자각하는 일도 중요하다.

8. 휴먼스킬

카츠(Katz) 이론이란, 하버드 대학의 경영학자 로버트 카츠(Robert Katz)에 의해 제창된 이론으로 비즈니스 스킬과 인재의 관계성에 대해 언급하고, 비즈니스 스킬을 테크니컬 스킬(Technical Skill), 휴먼 스킬(Human Skill), 컨셉추얼 스킬(Conceptual Skill) 등 3가지로 분류하였다. 그리고 인재를 톱 매니지먼트(Top Management), 미들 매니지먼트(Middle Management), 로우 매니지먼트(Low Management) 등 3가지로 분류했다.

관리자와 리더가 필요로 하는 역량을 직위변화와의 관계에 대해

모델화한 것으로 그 비율은 직위변화와 함께 바뀌는 것으로 알려져 있다.

〈그림6〉에서 보는 바와 같이 회사를 지휘하는 상층부에 해당하는 톱 매니지먼트에게는 문제의 핵심을 파악하여 개념화하는 컨셉추얼 스킬, 현장에서 활약하는 비관리직인 로우 매니지먼트에게는 테크니컬 스킬이 중요하다고 하였다. 그러나 휴먼 스킬은 직위고하를 막론하고 항상 모든 계층의 인재에게 요구되는 스킬이다.

그림6 | 카츠(Katz) 이론의 비즈니스 스킬과 직위와의 관계

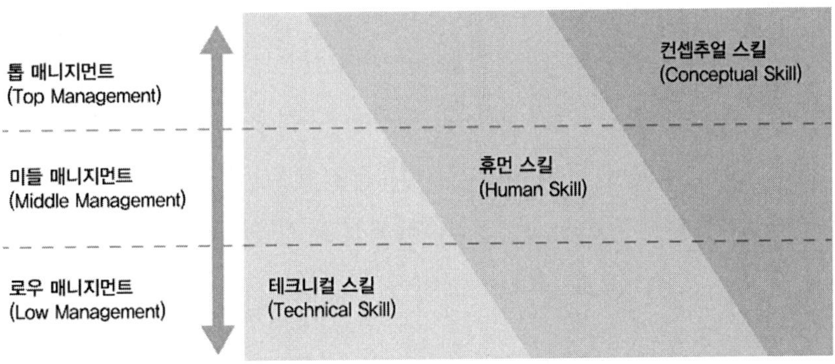

휴먼 스킬은 커뮤니케이션 역량, 감수성, 코칭 역량 등의 인간관계에 관한 역량인데, 휴먼 스킬은 간과하기 쉬워서 비즈니스 스킬 등 비교적 파악하기 쉬운 역량을 그 사람의 역량이라고 오해하기 쉽다. 휴먼 스킬은 다음 7가지의 스킬로 세분화할 수 있으며, 기업에서 휴먼 스킬이 점점 더 중시되는 추세이다.

휴먼 스킬을 구축하는 기초가 되는 역량은 커뮤니케이션 역량과 경청력이다. 신입사원의 적응, 상사가 부하직원에게 업무를 가르치는 자세 등에도 활용할 수 있다.

실무성이 높은 역량은 교섭력, 프레젠테이션 역량이다. 상담 등의 결정적인 요소가 되는 것은 물론이고 상사에 대한 보고, 부하직원에 대한 지시 등에도 활용된다.

주위의 동기를 유발하여 팀의 성공 열쇠가 되는 역량은 동기부여 역량, 향상심, 리더십이다. 동료나 다른 직원의 사기를 높여 목표를 달성하는 등 회사조직의 활성화에 활용되는 역량이다.

휴먼 스킬은 짧은 시간에 성장하는 역량이 아니며, 수치화 등으로 절대적 평가를 할 수 없기 때문에 평가하기 어려운 측면도 있다. 그러나 많은 기업에서 휴먼 스킬을 인사평가에 반영하거나, 중시하는 경향이 더욱 높아지고 있고, 우리나라에서도 기업문화의 수준이 높아지면서 휴먼 스킬을 중시하는 기업이 늘어나고 있다.

(1) 휴먼스킬의 7가지 역량

1) 커뮤니케이션 역량

커뮤니케이션 역량이란 인간관계를 스트레스 없이 구축 및 유지하는 역량으로 휴먼 스킬의 근간을 이루는 스킬이다.

자신의 주장을 내세우기에 앞서 상대의 목소리에 귀를 기울일 수 있어야 커뮤니케이션 역량이 높아진다. 그리고 상대의 주장을 통째로 부정한다면 대화 자체가 안되기 때문에 자신과 의견이 다른 부분이 어떤 것인지 구체적으로 지적하며, 상대의 의견에도 맞장구를 쳐주면서 대화를 이어가면 양보한다는 인상을 주기 때문에 설득력이 높아진다.

타인과 적극적으로 관계유지를 하는 것만이 커뮤니케이션이라고 할 수는 없다. 쓸데없는 말을 하고 싶어하지 않는 사람도 있기 때문에 각 개인의 성격을 파악한 후에 적절히 접근하는 것이 진정한 커뮤니케이션 역량이라고 할 수 있다.

2) 경청력

경청력이란 상대의 말에 귀를 기울여 상대를 정확하게 이해하는 역량을 말한다. 적극적으로 발언하여 타인의 호감을 사는 것만으로는 좋은 관계가 유지되지는 않는다. 소통을 잘하려면 인내심을 가지고 상대방의 말을 잘 들어주는 경청력이 필요한데, 상대를 제대로 이해하기 위해서 상대의 말에 귀를 기울이는 것이 가장 중요하다.

회의에서는 각각 개성이 다른 팀원이 다양한 의견을 내거나, 때로는 복잡한 논의를 하기도 한다. 좋은 생각을 가지고 있어도 생각하는 것을 말로 표현하는 것이 서투른 경우도 있다. 이해할 수 있게 말하라고 압박할 것이 아니라, 최대한 귀를 기울여 함께 머릿속에 있는 것을 풀어 가는 것도 중요한 경청력이다.

3) 교섭력

일반적으로 교섭력이란 이해관계가 있는 상대와 문제가 발생하였을 때, 서로의 타협점, 또는 합의점을 찾기 위해서 필요한 스킬이라고 할 수 있는데, 이와 혼동하여 사용되는 역량이 절충력이다.

이해가 일치하지 않을 경우에 흥정을 하면서 서로 적당한 선에서 타협하는 것이 절충하는 능력이고, 교섭력은 기본적으로 이해관계와 상관없이 쌍방이 납득할 수 있는 상태를 목표로 대화하는 역량이다.

절충은 상호이해가 맞지 않는 조건하에서 쌍방이 납득할 수 있는 형태의 결과를 찾아서 타협을 하는 것이 목적이고, 교섭은 바라는 결과가 정해져 있을 때 그 방향으로 교섭을 정리하는 것이 목적이라고 이해하면 좋을 것이다.

따라서 교섭에서는 바라는 결과를 끌어내기 위해서 교섭을 중지하는 것도 선택사항이 될 수 있지만, 절충에서는 중지할 선택사항이 없다는 차이점이 있다. 그러나 본서에서는 교섭력을 광의로 해석하여 절충력을 포함하는 역량으로 받아들이기로 한다.

4) 프레젠테이션 역량(제안역량)

프레젠테이션 역량이란 비즈니스 현장에서의 상담이나 사내외 조직간의 의사소통을 도모하는데 있어서 자신의 의사를 이해시키는 역량을 의미한다. 자신의 의견을 상대에게 전달하는 경우, 목적이나 메리트와 디메리트를 정확하고 명료하게 전달하기 위해서 필요한 역량이다.

프레젠테이션 역량은 상품이나 서비스를 직접 취급하는 영업직이나 판매직뿐만이 아니라, 회의와 협의에서 기획에 대한 설명을 하는 등 상대가 존재하는 모든 곳에서 필요로 한다. 따라서 영업직은 물론, 다른 직원과의 의사소통에도 유용하기 때문에 휴먼 스킬 중에서 실무성이 높은 역량이라고 할 수 있다.

5) 동기부여 역량

사람은 무엇을 하고자 하는 욕구가 일어날 때 일하려는 동기가 생기며, 그러한 환경에서 사물은 유인성질을 갖는데, 이와 같이 욕구→동기→유인의 기능적 관계를 통틀어 동기부여라고 하며, 이러한 일련의 과정이 유발되도록 조직 구성원의 활동을 자극하여 의도하는 목표를 달성하게 하는 역량이다. 간단히 표현하면 동료나 부하직원의 의욕을 이끌어내는 역량이다.

조직원과 함께 어떤 일에 임하거나 일을 할 경우, 일방적으로 지시를 내리기만 한다면 지시를 받는 사람의 입장도 곤란하다. 최소한 무엇을 위해서 하는지 수행하는 목적을 명확하게 하지 않으면, 지시를 받는 사람에게 동기부여가 되지 않는다. 이러한 동기부여 역량은 조직원, 또는 주위 사람들의 협력을 얻어 일을 진행시키기 위해서 필요한 역량이다.

6) 향상심

향상심이란 스스로 목표를 설정하고 목표달성을 위해서 매진하는 마음, 또는 스킬을 계속 연마해 가는 역량이다. 휴먼 스킬 요소 중에서도 개별적으로 완결되는 것이 특징이다. 다시 말해 자신의 시장가치를 객관적으로 파악하여 정량적, 정성적인 목표를 확실히 수립할 수 있는 자기관리 역량이다.

향상심이 높은 사람의 특징은 첫째, 뚜렷한 목표가 있다. 둘째, 자제력이 강하다. 셋째, 솔직하다. 넷째, 미래지향적이다. 다섯째, 정신적 및 육체적 자기관리가 뛰어나다. 여섯째, 주위를 배려한다. 일곱째, 도전정신이 강하다. 여덟째, 실패나 실수를 활용한다. 아홉째, 자신을 냉정하게 평가한다.

이에 반하여 향상심이 낮은 사람의 특징은 첫째, 타인에게 의지한다. 둘째, 책임을 전가한다. 셋째, 모든 일에 무관심·무신경하다. 넷째, 매사에 자신이 없다. 다섯째, 보는 시야가 좁다. 여섯째, 변화를 두려워한다.

7) 리더십

리더십이란 조직을 통솔하는 역량이다. 리더십은 상기의 6가지를 통합한 역량이라고도 할 수 있으며, 결단력과 책임감을 필요로 한다. 프로젝트의 성공을 위해서 조직원의 업무나 정신적인 면에서도 세심하게 배려하는 자세가 중요하다.

(2) 인바스켓 사고

휴먼스킬이란, 대인관계에 관한 역량이다. 관리자와 리더는 부하직원을 활용하여 목표를 수행할 수 있어야 한다. 그렇다고 부하를 단순한 도구로 사용하라는 것은 아니다. 부하직원은 다양한 가치관과 감정을 가진 인격체이므로, 그들의 인간성을 존중하면서 조직원으로서 목표를 달성하는 감수성을 갖추어야 한다.

그러나 감수성이 감정을 드러내는 것이라고 오해를 해서는 안 된다. 감정적으로 지시를 내리거나, 감정적으로 지도를 하거나, 감정이 섞인 비난의 화살이 회사로 향하거나, 조직의 불이익으로 나아가서는 안 된다. 감정적으로 지도하여 부하직원을 따르게 하는 것은 구태한 지도방식이다.

이러한 방법으로는 파워하라스먼트(Harassment: 직권을 이용해 괴롭히는 것)로 취급을 받을 수 있고, 부하직원의 회피대상이 될 수 도 있다. 감정을 컨트롤 하지 못한다는 것은 관리자와 리더에게 있어서는 치명상이다.

인바스켓 트레이닝에서는 당신도 아주 극한의 상황에서 안건을 처리하게 된다. 이러한 극한의 상황에서도 부하직원의 이야기를 듣고, 일단 그것을 받아들이는 자세를 잊지 말아야 한다.

특히, 인바스켓 답안의 어미에서 이러한 자세를 많이 볼 수 있는데, '○○을 해봐!' '○○을 해라!' '○○을 지시한다' 등의 명령조가 많은 답안은 그 사람이 관리자나 리더가 되었을 경우, 코치가 아니라 명령자로서의 자세를 취할 가능성이 있음을 나타낸다.

9. 생산성

생산현장에서의 생산이란 사용가치가 없는 자연 그대로 상태의 원재료에 사람(Man), 설비(Machine)를 투입하여 제품, 혹은 서비스로(사용가치가 있는 상태)로 변환시켜 나가는 과정이다. 따라서 생산성은 투자량이 얼마만큼 산출량이 되었는가를 나타내는 투입과 산출의 효율관계를 나타낸다. 이러한 효율적인 개념은 생산현장뿐만이 아니라, 모든 인간생활에도 적용되어 한정된 시간 안에 효율적으로 많은 업무를 처리하는 역량을 평가하게 된다.

윤태호 작가의 히트작 '미생'의 한 장면처럼 상사가 복사를 해오라고 지시를 하였을 때 '내가 이런 일이나 하러 회사에 들어왔어?'라고 불평을 하거나, 아무 생각 없이 멍하니 있는 사람이 있지만, 복사기가 작동하는 동안에도 복사내용을 읽어보는 부지런한 사람도 있다. 이는 업무의 효율성은 접어두더라도 자신의 인생에서 시간의 효율성을 고려해 볼 때, 누가 더 효율적으로 살아가고 있는지를 잘 알 수 있는 좋은 에피소드이다. 이는 생각하며 살고 있는 사람과 생각하지 않고 살아가는 사람의 차이다.

(1) 피터 드러커의 시간관리 기본원칙

미국 경영학의 대가 피터 드러커(Peter Ferdinand Drucker)는 시간관리의 중요성에 대해 강하게 주장했던 경영학자로 지식노동자의 가장 중요한 자원인 시간을 기록하고, 관리하고, 통합하라고 주장하였다.

기계와 작업환경에 따라 목표가 주어지는 육체노동자와는 달리, 머리로 일해야 하는 지식노동자는 목표를 스스로 결정하고 달성하기 위해 노력해야 한다. 이때 가장 중요한 점은 목표달성을 위해 효과적으로 시간을 사용하는 일인데, 피터 드러커는 시간관리를 위해 다음과 같은 세 가지 원칙을 제시하였다.

첫째, 시간을 기록하라. 어느 기업의 회장은 자신은 시간을 크게 세 부분으로 나누어 사용한다고 확신하고 있었다. 자신의 시간 중 3분의 1은 회사 간부들과, 3분의 1은 중요한 고객을 만나는 데, 나머지 3분의 1은 지역사회 활동을 위해 사용한다고 생각하고 있었다. 그러나 6주 동안 실제 사용시간을 기록하게 한 뒤 비교해봤더니, 이 세 가지 활동에는 시간이 거의 사용되지 않았다. 실제로는 대부분의 시간을 이미 지시한 과업에 관해 아래 사람들을 독촉하는데 사용한 것으로 나타났다. 세 가지 일에 대한 시간배분은 '그래야 한다'고 생각하고 있었을 뿐, 실행에 옮기지 못하고 있었다는 결론이다. 그래서 시간 운용표를 만드는 것이 중요하다. 자신이 수행하고 있는 몇 가지 주요 과업을 적어놓고, 각각에 대해 매일 실제 사용시간을 기록하는 것이 중요하다.

둘째, 기록된 시간을 분석하여 시간을 관리하라. 실제 시간을 기록해보면, 필요 없어 보이는 일에 사용된 시간이 눈에 띄기 마련이다. 때로는 그렇게 사용된 시간이 가용시간의 대부분인 경우도 있다. 따라서 체계적 시간관리를 위한 자기진단 질문이 필요하다. 시간관리

야말로 누구나가 비슷한 고민을 하고 있는 이슈인 것이다.

셋째, 시간을 통합하라. 중요한 것은 관리하여 만들어낸 시간을 어떻게 사용하느냐 하는 것이다. 만들어낸 시간은 최대한 통합해서 한 가지 일에 한꺼번에 집중할 수 있는 시간을 확보하는데 사용해야 한다. 그래야 시간관리의 보람이 극대화된다.

(2) 딥워크를 위한 4가지 시간관리법

직장에서 직면하는 문제는 자신의 시간을 어떻게 관리하는가에 있다. 우리가 하는 업무에는 2가지가 있다. 하나는 자신의 역량을 통해 어떤 가치 있는 결과를 만들어내기 위해서 생각, 에너지, 시간 등을 집중하는 딥워크(Deep Work)이다. 또 하나는 e메일이나 미팅, 전화, 비용 리포트 등의 행정적이고 조직운영에 부수적으로 수행되는 업무인 섈로워크(Shallow Work)이다.

우리는 딥워크가 더 중요하다는 것을 알고는 있지만, 주변환경은 섈로워크로 둘러 싸여 있는 경우를 많이 볼 수 있다. 따라서 시간을 효율적으로 활용하기 위해서는 시간관리가 필요하다. 타임지의 딥워크를 위한 다섯 가지 시간관리법을 소개하려 하는데, 마지막 한 가지는 우리의 정서에 맞지 않아 생략한다.

1) 딥워크를 위한 일정을 잡아라

실제 업무 이외의 모든 것은 방해물이다. 계획된 미팅, 계획된 전화 등을 자세히 살펴보면 자신의 일이 아니라 타인의 일인 경우가 많다. 자신의 하루와 일주일을 위한 계획을 세우는 습관을 가져라.

2) 스코어보드는 운동선수만을 위한 것이 아니다

피터 드러커는 '관리한다는 것은 지표를 측정하는 일'이라고 하였다. 하루 중 자신이 실제로 딥워크를 위해 일할 수 있는 시간이 얼마인지를 측정하라. 핸드폰의 캘린더에 일정을 기록하여 딥워크를 위한 시간을 확보하는 노력이 필요하다.

3) 예스(Yes)는 생산성 확보를 위해 가장 위험한 단어이다

자신만의 역량이 필요한 어떤 가치 있는 결과를 만들어내기 위해 끊임없는 미팅, 전화, e메일 체크 등을 통제하려면 노(No)라는 단어를 인지해야 한다. 워렌 버핏(Warren Buffett)은 성공적인 사람과 매우 성공적인 사람의 차이는 매우 성공적인 사람들이 거의 모든 일에 '아니오'라고 말한다는 것이다.

4) 딥워크를 위한 의식을 가져라

자동차를 운전할 때 기어를 바꾸듯이 개인적인 의식을 거행함으로써 일을 쉽게 할 수 있게 되고, 스스로 집중력을 강화하는 훈련을 할 수 있다.

자신의 뇌에 지금 딥워크 모드로 들어간다고 최면을 걸기 위해 커피를 준비하거나, 머리를 깨끗하게 비우기 위해 10분 동안 산책하는 등 자신에게 맞는 것을 찾아서 실행한다. 연구조사에 따르면 이러한

딥워크를 위한 의식을 통해 일할 때 더 좋은 상태가 만들어진다고 한다.

(3) 생산성 향상을 위한 효과적인 시간관리 요령

1) 아침에 기상할 때와 취침하기 전에 생각하는 시간을 가져라

아침에 일어나서 10분 정도 조용히 명상을 하거나, 산책을 하면서 그날 하루 해야 될 일을 생각해 보라. 그리고 잠자리에 들기 전에도 10분 정도 여유를 가지고 음악을 듣거나 명상을 하면서 낮에 있었던 일들에 대한 반성과 성취감을 음미하라.

2) 중요한 일을 먼저 하라

사람에게는 주어진 시간과 에너지가 한정되어 있다. 중요하지 않은 일에 소중한 시간을 허비한다면 정말 중요한 일에 투자할 시간은 당연히 모자라게 된다. 일단 중요한 일부터 시작하고 그 일에 싫증이 나거나, 짬이 날 때 사소한 일을 처리하라.

3) 가능한 한 즉시 처리하라

메모, 편지, 보고서 등이 책상 위에 도착했을 때 나중에 처리하겠다고 서랍 속이나 책상 위에 두지 말고, 중요한 일을 처리하는데 방해가 되지 않는 범위 내에서 바로 처리해라. 처리하지 않고 미뤄둔 일은 그것을 잊어버리지 않기 위해 자주 확인하고 기억해야 하기 때문에 불필요한 시간을 허비하게 된다.

4) 상황에 따라 멀티태스킹으로 처리하라

딥워크를 하면서 멀티태스킹(Multitasking)을 하면 효율성이 떨어지지만, 섈로워크를하면서 한 가지 일에 전념하는 것은 비효율적이다. 딥워크인가 섈로워크인가에 따라서 멀티태스킹으로 처리하라.

5) 비슷한 일들은 함께 처리하라

나중에 보면 하는 일도 없이 분주한 사람들은 여러 가지 일들을 모두 별도로 취급하는 경향이 있다. 업무를 처리하는 방법에서도 유사업무를 모아서 처리하게 되면 시간을 효율적으로 사용할 수 있다.

6) 자투리 시간을 효과적으로 활용하라

은행업무를 보기 위하여 기다릴 때나 버스와 전철 속에서 남는 시간을 낭비하지 마라. 자투리 시간에 볼 수 있는 책, 핸드폰 검색, 생각할 수 있는 주제를 가지고 다녀라. 자투리 시간을 잘 활용하면 많은 시간을 자신의 것으로 만들 수 있다. 바빠서 운동을 하지 못하면 엘리베이터를 타지 말고 걸어 올라가는 것도 자투리 시간을 활용하여 운동을 할 수 있는 좋은 방법이다.

7) 조금 일찍 시작하라

정해진 출근시간보다 일찍 출근하여 회사의 회의실에서 자기계발 트레이닝을 하는 등, 집중하는 환경을 만드는 것은 자신이 하기에 달려 있다. 번잡한 출근시간을 피해 남보다 10분 먼저 출근하면 출근시간을 많이 단축할 수 있다. 10분이지만, 결과적으로는 더 많은 시간을 단축하는 효과가 있어 효율성을 제고할 수 있다. 우리말에도 일찍 일어나는 새가 벌레를 잡는다라는 격언도 있다.

8) 필요 없는 워밍업으로 시간을 낭비하지 마라

아침에 출근해서 커피를 마시거나, 인터넷을 보거나, 잡담하면서 업무를 시작하기 전에 뜸을 들여 결국은 많은 시간을 낭비하는 사람들이 있다. 딥워크를 위해 의식을 갖는 것과는 달라서 본래 업무와 관계 없는 행동으로 시간을 낭비하지 말아야 한다.

9) 결단력을 길러라

사람은 하루에도 수 없이 많은 결정을 내려야 한다. 시간관리의 핵심은 우선순위에 따라 신속하게 결정하고, 가능하면 빨리 실천하는 것이다. 물론 중대한 결정은 심사숙고 해야 하지만, 중요하지 않은 일에서 결정을 내리지 못하고 시간을 낭비하게 되면 효율성은 떨어지게 마련이다. 따라서 사소한 일로 해야 할지, 말아야 할지를 결정하지 못해 고민하면서 시간을 낭비하지 말아야 한다.

10) 업무를 종료했을 때에는 주변을 정리하라

일이 끝나면 정리하는 습관을 들여라. 자료를 정리하지 않은 상태로 퇴근하게 되면 다음날 바로 일을 시작할 수 없다. 정리할 때에는 필요한 것, 필요 없는 것, 보류 등으로 분류하여 (1) 필요 없는 것은 버린다. (2) 자신의 움직임을 최소화한다. (3) 책상 위에는 컴퓨터와 최소한의 용품만 둔다. (4) 물건을 제자리에 놓는 습관을 붙인다.

시간은 중요한 자원이다. 인생에 있어서도 그렇지만, 기업에 있어서도 시간은 대단히 중요하다. 사람이나 기업이나 시간을 효율적으로 관리하지 못하면 오늘날과 같이 경쟁이 치열한 환경에서는 경쟁력이 떨어지게 된다.

(4) 인바스켓 사고

인바스켓 답안지에도 가끔 백지 답안이 섞여 있는 경우가 있다. 아마 이것 저것 생각하고, 신중하게 판단하려는 결과, 마감시간이 되었을 것이라고 추측하지만, 아웃풋이 없으면 어떠한 평가도 할 수 없다.

이와 같이 아웃풋이 적은 타입은 지나치게 생각하거나, 지나치게 분석하는 경향이 있는 사람들에게서 많이 볼 수 있다. 생산성이라는 역량을 높이려면, 지나치게 생각하는 것은 오히려 좋지 않는 결과를 낳는다는 것을 의식하고, 한 번 결정하면 가능하면 빨리 행동으로 이어지도록 결론짓는 일도 중요하다.

생산성이라는 역량은 한정된 시간 내에 얼마나 많은 일을 할 수 있는가에 관한 지표이다. 말하자면 양을 처리하는 역량이라고 볼 수 있다. 여기서 오해하지 말아야 하는 것은 결코 많은 판단을 하라는 것이 아니다. 너무 짧은 시간에 많은 판단을 하는 것을 목표로 하면, 판단의 질이 떨어진다.

그렇다고 생산성이 너무 낮아도 곤란하다. 예를 들어, 중요한 몇 가지의 판단을 해야 하는 데도 불구하고 반응이 없거나, 아무것도 판단하지 못한다면 곤란하다. 즉, 여기에서 말하는 생산성이란, 좋은 판단을 시간 내에 아웃풋할 수 있는 역량이라고 할 수 있다.

올바른 생산성이란 한정된 시간에 얼마나 성과를 낼 수 있는가를 보는 것이다. 인바스켓 사고를 몸에 익히는 트레이닝을 하면서 성과를 내기 위하여 우선순위에 의한 스케줄링, 문제해결력, 통찰력, 판단력, 매니지먼트 역량 등도 함께 익힐 수 있다.

인바스켓 사고는 비즈니스맨의 역량을 향상시킬 뿐만이 아니라, 기업의 생산성을 높이기 위해서도 유익한 사고방법이다. 위의 생산성 향상을 위한 효과적인 시간관리 요령과 다소 중복되는 의미도 있지만, 인바스켓 사고에서 생산성을 높이기 위하여 중시하는 사항은 다음과 같다.

첫째, 업무에 집중하라. 업무에 투자한 정신적, 정서적, 육체적 각 부문의 에너지로 최고의 성과를 얻을 수 있도록 역량을 배분해야 한다.

둘째, 뛰어난 성과를 낼 수 있는 분야에 집중하라. 80:20 파레토 법칙(Pareto Rule: 일명 8:2법칙)이 있다. 20퍼센트도 안 되는 일이 자신이 이루는 성과의 80%를 결정한다는 것을 잊지 마라.

셋째, 자신이 가장 잘하는 일을 하라. 자신의 역량이 뛰어난 분야의 일을 하면 실수 없이 더 많은 일을 하고, 더 높은 생산성을 낼 수 있으며, 일을 즐기면서 할 수 있다.

넷째, 핵심적인 일에 초점을 맞춰라. 최단기간에 가장 중요한 성과를 낼 수 있는 방법은 업무와 조직에 기여할 수 있는 몇 가지 핵심적인 성과를 낼 수 있는 영역에 집중하는 것이다.

다섯째, 마감 시한을 정하고 지켜라. 마감 시한이 없는 목표나 일은 대개 흐지부지되고 만다. 동기부여가 안 될뿐더러 마쳐야겠다는 의지가 생기지 않는다. 따라서 우유부단하게 연기하거나 중단할 수 있다.

여섯째, 한 번에 한 가지 일만 하라. 요즘 멀티태스팅이 대세이기는 하지만, 탁월한 역량을 지닌 사람은 여러 가지 일을 동시에 처리하지 않고 상황에 따라 처리한다. 즉 여러 가지 일을 처리할 수 있는 업무라면 멀티태스킹으로 처리를 하고, 중요한 일이라면 한 가지 일에만 집중한다. 다시 말해 딥워크인가, 샐로워크인가에 따라서 처리 방법을 달리 해야 한다.

일곱째, 결과를 생각하라. 한 번 시작한 일을 마무리 짓는 역량은 탁월한 성과를 내는 모든 사람들이 공통적으로 갖고 있는 핵심역량이다. 이는 습관이 될 때까지 반복적인 훈련을 통해 계발할 수 있는 역량이다. 일단 시작한 일은 끝까지 마무리 짓는 습관을 기른다면 평생의 습관이 될 것이다.

이와 같이 생산성은 우선순위 설정력과 같이 판단력의 기초가 되는 부분이다. 이러한 2가지 역량을 활용함으로써 아웃풋을 고려하면서 우선순위를 매기도록 한다.

10. 우선순위 설정력

지금 당장 자신이 무엇을 해야 하고, 무엇부터 먼저 처리해야 하는지, 업무의 중요도와 긴급도를 고려해서 처리해야 하는 일을 정확히 판단하는 역량이라고 할 수 있다. 그런데 우선순위 설정은 개인의 습관에 따라 커다란 영향을 받는다.

비즈니스에서 무엇때문에 우선순위를 평가하는가 하면, 첫 번째는 업무의 질을 향상시키기 위해서이다. 실제 업무에서도 수많은 안건이나 업무를 시간 내에 처리하여야 한다. 고위직에 오르면 오를수록 업무량도 증가할 뿐만이 아니라, 안건처리의 난이도도 높아진다. 즉, 주어진 모든 업무를 단순하게 처리하는 것이 아니라, 우선순위를 정해서 안건에 맞게 적절히 처리해야 한다.

두 번째는 비용대비 효과의 측면을 고려한 것이다. 중요하지 않은 안건에 많은 노력, 자원, 시간을 투입하는 것은 비용대비 효과의 측면에서 보더라도 낭비라고 할 수 있다. 모든 안건을 적절하게 처리할 수 있는 시간과 비용이 확보되면 좋겠지만, 실제로 비즈니스 현장에서는 한계에 부딪히기 쉽다. 따라서 업무의 우선도를 파악할 수 있는 역량이 필요하다.

(1) 우선순위를 결정하는 원칙

현대 경영학의 대가 피터 드러커(Peter Ferdinand Drucker)는 업무에서 우선순위를 결정하는 원칙을 첫째, 과거가 아닌 미래를 선택한다. 둘째, 문제가 아닌 기회에 초점을 맞춘다. 셋째, 평범함이 아닌 독창성을 갖춘다. 넷째, 무난하고 쉬운 것이 아닌 변화를 가져 올 수 있는 것을 선택한다. 다섯째, 고객이 얻게 될 가치를 염두에 두어야 한다고 하였다. 따라서 이러한 우선순위를 결정하는 기본원칙을 준수하면서 다음의 설정방법을 활용하면 좋을 것이다.

(2) 우선순위 설정방법

1) 긴급도와 중요도를 고려

일반적으로 기한이 정해져 있는 긴급도가 높은 것부터 일을 처리하는 것이 바람직하다고 생각하기 쉽지만, 기한이 정해져 있는 일이 모두 중요하다고 단정할 수는 없다.

비즈니스 현장에서는 긴급도와 중요도라는 두 가지 관점에 균형을 맞추어 우선순위를 정하는 것이 중요하다. 기한은 정해져 있어도 중요하지 않다는 것을 이해하지 못하는 사람도 있을 것이다.

회의에서도 무엇이 중요한 지에 대한 의견이 어긋나는 경우를 자주 볼 수 있다. 경리부문이라면 자금조달이 원활히 이루어지는 것이 중요하고, 영업부문이라면 비용을 들여서라도 영업성과를 올리는 것이 중요하다고 여길 것이다.

이와 같이 중요라는 말의 의미는 사람과 환경에 따라서 해석이 달라진다. 바꾸어 말하면, 자신에게는 중요하다고 여겨지는 것이 다른 사람에게는 별로 중요하지 않은 경우가 많다.

따라서 긴급도란 시간적인 측면에서 생각해야 하며, 시간이 경과함에 따라 리스크의 정도가 높아지는 안건이라고 평가할 수 있다.

그리고 중요도란 안건 자체의 리스크와 영향도라고 생각할 수 있다. 따라서 모든 사람에게 공통되는 가치관과 척도를 기준으로 판단해야 하며, 안건을 처리하지 않음으로써 발생할 수 있는 손실이나 미칠 수 있는 영향을 고려하여 판단한다. 이와 같은 점을 고려하여 중요도를 다음의 몇 가지 사항으로 판단할 수 있다.

- ▣ 안건을 처리하지 않으면 어느 정도의 손실이 발생하는가?
- ▣ 손실대상 범위는 어느 정도인가?
- ▣ 향후, 발생할 가능성이 있는가?

긴급도와 중요도는 객관적으로 설정하는 것이 좋다. 주관적인 척도가 아니라, 객관적이고 일반적인 척도가 개인적인 경험이나 기호 등에 의하여 좌우되지 않는데, 앞에서 서술한 바와 같이 개인이 일상적으로 처리하고 있는 우선순위 설정의 관점과 인바스켓의 우선순위 설정의 관점이 다르기 때문이다.

이러한 차이를 인식한 다음 명확한 척도를 설정한다. 긴급도의 척도는 시간적인 측면이므로 비교적 그 정도를 구분하기 쉽다. 중요도는 영향의 범위나 리스크의 크기로 구분할 수도 있다. 그리고 자신이 속한 부서만의 문제인지, 다른 부서에도 영향을 미치는 것인지, 또는 기업활동에 지장을 줄 가능성이 있는 것인지 등을 기준으로 생각하면 알기 쉬울 것이다.

2) 긴급한 일과 중요한 일의 충돌

중요한 일은 잘해야 하고, 긴급한 일은 빨리 해야 한다. 대부분 어려운 선택과 결정이 바로 중요한 일을 먼저 할 것인지, 급한 일을 먼저 해야 할 것인지에 대한 선택이다. 각자 하는 일과 상황에 따라 조금씩 다르지만, 분명한 것은 잘못 선택할 경우 힘든 상황을 초래할 수도 있다. 상황을 분석하고 비교하여 긴급도와 중요도로 분리한 후, 자신(또는 회사)이 영향을 줄 수 있는지, 혹은 영향을 받게 될 것인지 등을 파악하여 영향도를 분석한다. 따라서 관리자와 리더에게 요구되는 업무의 우선순위 설정은 기한(긴급도)을 중심으로 생각하는 것이 아니라, 중요도를 중시하면서 설정하여야 한다.

조금 중요도가 떨어지지만 급한 일을 방치하였을 때, 정말로 덜 중요한 사안인지를 확인하여야 한다. 많은 직장인들이 실수를 하는 것이 중요도 판단을 자의적으로 해석하여 오판하는 경우이다. 중요도가 떨어진다고 급한 일을 내버려 두면 시간이 지나면서 긴급도가 올라가 결국은 손실, 재앙 등을 초래하게 된다.

(3) 우선순위 설정 매트릭스의 활용방법

우선순위 설정 매트릭스란, 가로축과 세로축 2개의 축을 이용하여 해당 안건이 어느 부분에 속하는지를 구분하는 것이다. 말하자면 안건의 지도라고 보면 된다. 긴급도와 중요도를 가로축과 세로축으로 하고 각각의 레벨(고, 중, 저)에 따라서 안건을 자리매김하여 우선순위를 설정할 수 있다.

우선순위 설정 매트릭스를 축으로 4개의 영역으로 나누면, A에서 D까지의 영역으로 나눌 수 있다. 이 영역에는 각각의 특성을 갖는 안건이 그룹으로 들어간다.

A의 영역에는 중요도, 긴급도가 모두 높은 안건이 들어간다. 이 영역은 우선순위가 높은 안건이 들어가는 그룹이다. 우선순위를 정할 때 고민하는 것이 A영역 중에서도 위치가 중심점에 가깝고, B영역과 C영역에 가까운 안건이다. 우선순위 설정에서 피할 수 없는 문제가 B영역과 C영역 중에서 어느 쪽을 택할 것인가 하는 판단이다.

표9 | 우선순위 설정 매트릭스

긴급도(높음)

중요도(높음)

Ⓐ 반드시 해야 하는 중요하고 긴급한 일	Ⓒ 중요하지는 않지만 긴급한 일
◎ 조직의 존립에 관한 사항 ◎ 인명에 관련된 문제 ◎ 기한이 촉박한 업무로 조직 운영상 꼭 필요한 사항 ◎ 질병이나 사고 ◎ 고객의 클레임 ◎ 조직운영에 꼭 필요한 기계 및 설비의 고장 ◎ 조직운영에 장해가 되는 여론이나 정치적 압력	◎ 기한이 촉박한 형식적인 모임이나 회의 ◎ 다른 부서의 임시지원 ◎ 조직운영에 직접관계가 없는 외부회의 ◎ 중요하지는 않지만, 촉박한 안건 ◎ 갑작스러운 방문이나 전화
Ⓑ 중요하지만 긴급하지 않은 일	**Ⓓ 중요하지도 않고 긴급하지도 않은 일**
◎ 부하직원의 육성(인재육성) ◎ 유익한 인간관계 및 신뢰관계의 구축 ◎ 예상되는 위험에 대한 대응 ◎ 조직의 계획된 행동 ◎ 메인터넌스 업무 ◎ 재산보전(財産保全) ◎ 기업의 사회적 책임 ◎ 존경 받는 기업으로 자리매김하기 위한 사항 ◎ 사업성이 있는 아이디어 ◎ 부하직원의 자발적인 행동보조	◎ 형식적인 업무 ◎ 대기시간 ◎ 현실도피 ◎ 단순한 시간 때우기 ◎ 이동시간 ◎ 휴식시간의 레크레이션 ◎ 개인적인 푸념

(낮음)

(낮음)

★ A영역에 우선순위를 두고 일을 하되, B영역을 중시한다.
★ B영역에 많은 시간을 투자하도록 계획하고 실천하여 궁극적으로 A영역에 포함되는 일을 줄인다.
★ C영역과 D영역의 일은 지속적으로 줄여서 B영역에 투입한다.

(4) 인바스켓 사고

중요도나 긴급도를 생각하기 전에 이미 머릿속에서 '우선적으로 처리해야 하는 안건과 그렇지 않은 안건'으로 나누는 사람이 있다. 이러한 관념에 사로잡혀 있으면 '우선적으로 해야 하는 안건'과 '그렇지 않은 안건'의 중간적 성격의 일, 이른바 회색 존에 해당되는 안건을 무리하게 주관에 따라 설정하는 경향이 있다.

이러한 사고를 인바스켓에서는 위험하다고 여기는데 자신은 논리적으로 구분할 수 있다고 생각하지만, 인바스켓의 기준이 거의 활용되지 않을 가능성이 크기 때문에 다시 한번 우선순위 설정의 기초부터 트레이닝을 할 필요가 있다. 어떤 것을 선택하거나, 혹은 기준을 만드는 것에 자신이 없을 때에 흔히 이루어지는 설정이다.

인바스켓 트레이닝을 거듭하면 자신이 생겨서 문제가 해소되는 경우가 많으므로 그다지 신경을 쓸 필요는 없지만, 만약 해소가 되지 않는다면 구분기준을 좀더 세분화하여 '고, 중고, 중, 중저, 저' 등의 5단계로 나누어 연습을 하면, 문제를 해소할 수 있다.

우선순위 설정을 효율적으로 하기 위해서는 우선 매트릭스를 사용하여 자신의 우선순위 설정습관을 인식해야 한다. 이미 익숙해진 습관이 짧은 시간에 교정되지는 않겠지만, 항상 의식하는 것만으로도 제법 효과를 볼 수 있다.

5장

문제해결 프로세스

1. 10개 역량의 조합

지금까지 10개 역량에 대하여 설명하였는데, 인바스켓 사고를 활용하여 자신이 안고 있는 다양한 문제를 처리하려면 이러한 모든 역량을 풀 가동해야 한다. 즉, 하나의 역량이 발휘되었다고 해서 문제가 해결되는 것은 아니다.

예를 들어 인바스켓 테스트에서 당신이 어떠한 판단을 내려야 하는 문제에 직면하였다고 하자. 그리고 그 문제를 해결할 때에 문제발견력만 발휘되었을 경우, 인바스켓 평가에서는 문제를 찾아낼 수는 있지만, 이후에 문제를 해결하지 못하거나, 혹은 판단하지 못할 것이라고 분석한다.

하지만, 모든 상황에서 10개의 역량을 풀 가동하는 것은 현실적으로 어려운 일이다. 그러므로 상황에 따라 10개의 역량 중에서 어떤 역량을 발휘해야 할 것인지 올바른 의사결정 프로세스를 선택해야 한다.

2. 문제해결

당신은 문제가 발생했을 경우, 어떻게 대처하고 있는가? 문제해결에 대한 필요는 일상생활 속에 항상 내재되어 있다. 우리가 생활하면서 문제해결이 필요하다는 것은 문제의 종류를 불문하고 공통적인 것이다.

이렇게 중요한 행위임에도 불구하고, 문제를 해결하는 방법을 누군가로부터 배우는 경우는 별로 없다. 사회인이 되고 나서 기업연수 등에서 배우는 경우가 간혹 있기는 하지만, 대부분이 이론이나 지식이어서 문제해결의 현장에서 쉽게 활용할 수 없는 경우가 많다.

관리자와 리더는 불확실한 사회로 접어드는 제4차 산업혁명 시기에는 지금까지 경험한 적이 없는 어려운 문제에 직면하게 될 것이다. 이러한 문제를 해결하려면 고도의 문제해결력이 요구되는데, 대부분의 사람은 지금까지의 경험 등으로 문제를 해결하려고 한다. 하지만 문제를 해결했다고 해도 절차적인 문제가 남아있거나, 본래 해결해야 할 것을 완벽하게 해결하지 못하고 뒤로 미루고는 해결했다고 착각하는 경우가 많다.

(1) 문제해결의 기본원칙

문제해결은 단순함을 기본으로 해야 하고, 목표(Target)를 벗어나지 말아야 하며, 바로 행동에 옮길 수 있도록 구체적이어야 한다(Action-Oriented). 그리고 실행 주체와 눈높이를 맞추어야 하며, 마지막으로 개선의 기대치가 높아야 한다. 이와 같은 사항을 고려하여 도출된 해결책이어야 높은 성과를 얻을 수 있다. 그러기 위해서는 다음과 같은 원칙을 준수하여야 한다.

□ 목적을 명확히 한다.

□ 해결을 위한 복수의 아이디어를 검토한다

□ 명확한 성과달성을 위해 평가기준을 명료하게 한다.

□ 평가는 팩트에 입각하고 필요한 정보에 근거하여 객관적으로 한다.

□ 복수의 안건에 대한 평가결과를 놓고 최종의사를 결정한다.

(2) 문제해결 프로세스

어떤 일에나 정석이라는 것이 있듯이 문제해결에도 프레임이라는 정석이 있다. 문제해결의 프레임 자체가 잘못되거나, 또는 결여사항이 있으면 올바른 판단을 하지 못하고 문제를 해결할 수 없다.

프로세스가 올바른 인바스켓적인 문제해결의 프레임은 〈그림7〉과 같은 프로세스로 구성된다.

그림7 | 문제해결 프로세스

문제발견	목표와 현상과의 갭(GAP), 또는 해결해야 할 사항을 찾아낸다
가설입안	문제를 분석하여 논리적인 가설을 세운다
정보수집	가설에 근거하여 유효한 정보를 모은다
대책입안	효과적인 판단을 하기 위하여 복수의 대책을 세운다
관계자 협의	관계자와 사전에 조정 및 조율을 한다
판단	OK, NO, 보류, 연기, 위임, 아무것도 판단하지 않는 등의 6가지 판단을 한다
행동	문제해결을 위해 판단한대로 실행한다
효과확인	결과를 확인하고,더 좋은 결과가 나올 수 있도록 되돌아본다

문제해결 프로세스를 올바르게 밟는 사람과 밟지 않는 사람과의 차이를 쉽게 그림으로 나타내면 〈그림8〉과 같으며, 많은 시간을 투여하더라도 좋은 결과로 이어지지 못하는 경우를 종종 볼 수 있다.

그림8 | 올바른 문제해결 프로세스

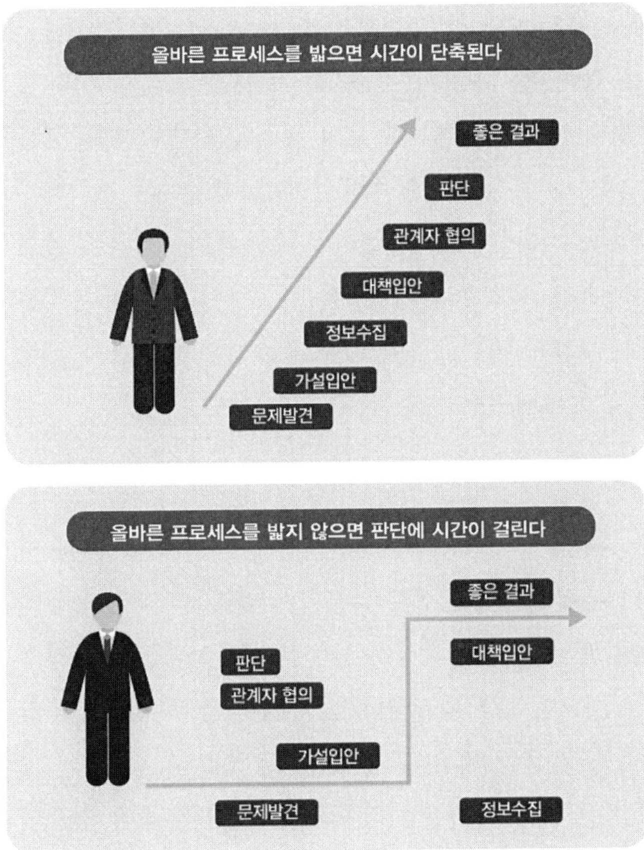

1) 문제발견

문제란 앞의 〈그림2〉에서 설명한 바와 같이 방침 또는 목표와 현상과의 차이, 고객요구와 현상과의 차이, 규칙 또는 시방(示方)과 현상과의 차이, 표준(작업표준, 기술표준)과 현상과의 차이, 과거의 실적과 현상과의 차이, 타사 또는 타부서와 현상과의 차이라고 할 수 있다.

그렇다면, 예를 들어 음식점에서 주문하는 예를 프레임에 따라 생각해 보자. 음식점에 들어가서 메뉴를 보고 음식을 선택할 때를 예를 들어 보자. 여기에서의 본질적인 문제점은 배를 채운다는 것이다.

반드시 맛있어야 한다는 요소를 충족시킬 수는 없다. 시간이 없으면 빨리 나오는 음식을 선택해야 하고, 돈이 없으면 저렴한 음식을 선택해야 하기 때문이다. 이러한 본질적인 문제점을 파악하지 못한다면, 이후 일련의 프로세스도 모두 어긋나게 된다.

2) 문제분석

시간이 없다는 설정을 해보자. 그러면, 우선 음식을 선택할 때 어느 정도 조리시간이 필요한지를 생각해 보아야 한다. 카레 전문점에서는 돈카츠 카레 등의 튀기는 과정이 들어간 메뉴보다는 일반적으로 카레만 얹어서 나오는 음식을 조리하는 공정이 짧기 때문에 빨리 나올 확률이 높다는 가설을 세울 수 있다.

분석이란 논리적인 가설을 세우는 것이며, 이러한 과정이 없으면 이후 판단의 근거가 될만한 것이 없어진다.

3) 정보수집

만약에 시간이 별로 없다면, 당신은 어떻게 하겠는가? 아마도 종업원에게 물어보는 것이 가장 빠를 것이다. 이것이 정보수집이다. 인바스켓적인 정보수집이란, 단지 정보를 많이 모으는 것이 중요한 것이 아니라, 가설에 근거하여 정확하게 판단할 수 있는 질이 높은 유효한 정보를 모으는 행위를 말한다.

예를 들어 시간이 없다면 어느 음식이 빨리 나오는가를 물어보아야 하며, 어느 음식이 추천 메뉴인가를 물어본다는 것도 목표에 맞는 정보수집이라고 평가할 수 있을 것이다.

4) 대책입안(복수)

왜 복수이어야 하는가? 한 가지 대책만으로 충분하다고 생각하는 사람도 있을 것이다. 하지만 보다 효과적인 판단을 하기 위해서는 한 가지 대책으로 불충분하며, 적어도 두 가지 대책 중에서 비교하여 결정하는 편이 좋은 판단을 내릴 수 있는 확률이 높기 때문이다.

점심식사를 예로 들면, 종업원에게 가장 먼저 나올 수 있는 음식과 다음으로 빨리 나올 수 있는 음식이 무엇인지 물어보고, 비교 검토를 해야 한다. 그리고 제로 베이스 상태에서 대책을 고려할 것인지도 중요한 고려사항 중의 하나이다. 예를 들면, 주문하지 않고 나와서 다른 음식점에서 식사하는 방법을 고려하는 제로 베이스 대책도 있을 수 있다.

5) 관계자 협의(보고·연락·상담)

관계자와의 사전교섭을 의미하며, 일을 원만하게 진행하기 위하여 미리 비공식적, 또는 비공개적으로 의견을 조정하거나 조율하여 합의를 도출하는 것이다.

만약 동료와 함께 식사하러 갔다면, 다음 스케줄을 위해 동료와 사전에 협의를 하는 것이 좋다. 왜냐하면 동료는 시간적인 여유가 있다고 생각하고, 조리시간이 많이 걸리는 메뉴를 주문할 가능성이 있기 때문이다.

그렇게 되면 당신은 바로 먹을 수 있는 메뉴를 주문했다고 해도 동료의 음식이 늦게 나와서 다음 업무에 늦게 된다. 혹은 몇 가지 메뉴 중에서 선택할 때에 조언을 구함으로써 판단의 타당성을 높일 수 있다. 이러한 경우에는 종업원에게 시간이 없다는 것을 이야기 하면, 빨리 나올 수 있도록 배려해 줄지도 모른다.

비즈니스 현장에서도 안건처리를 순조롭게 진행하기 위해서 관계자와 사전에 조정하거나 상담하는 등의 행위가 필요하다. 관계자란 그 사람의 판단으로 인해 영향을 받는 이해관계가 있는 사람이나 부서를 가리키는데, 이러한 프로세스가 없으면 막상 의사결정의 단계에서 생각지도 않은 장해가 발생하는 경우가 생긴다.

6) 판단

판단이라고 하면 YES, 혹은 NO만을 떠올리기 쉬운데, 아무것도 하지 않는 판단도 있다. 이 밖에도 보류, 연기, 위임 등 모두 6가지의 판단이 있다.

이러한 판단에는 반드시 근거가 필요하다. 인바스켓에서는 판단만이 아니라, 판단의 근거가 되는 사항에도 초점을 맞춘다. 어떠한 정보로 판단을 했는지, 어떠한 근거로 논리성을 구축하였는지를 평가한다. 음식점을 예로 들면, 주문하는 단계가 된다.

7) 행동

문제해결을 위해 판단대로 움직이는 것이다. 판단을 하더라도 실제로 행동이 수반되지 않으면, 결코 문제가 해결되지 않는다. 그리고 그 행동이 잘못되어 있다면, 지금까지의 프로세스도 물거품이 된다. 음식점의 예로는 시간 내에 식사를 끝내고 계산을 하고 나오는 것에 해당된다.

8) 효과확인

실제로 효과를 확인하기는 쉽지 않은데, 결과를 확인하고 이후에 더 좋은 결과가 나올 수 있도록 되돌아 보는 것은 매우 중요하다. 사고나 사건이라면, 관리자로서 안건을 처리한 후에 반드시 재발 방지책을 세워야 한다. 또한 지시를 한 후의 피드백 등도 평가의 대상이 된다.

음식점의 예를 들면, 왜 그렇게 서둘러야 하는지 원인을 되돌아 보고, 다음부터는 점심식사를 여유 있게 할 수 있도록 스케줄을 조정하는 등의 대책이 필요하다. 그리고 빨리 조리할 수 있다고 했음에도 불구하고 늦어졌을 경우, 두 번 다시 그 음식점을 이용하지 않는 것도 재발방지의 하나라고 할 수 있다.

이상과 같이 안건처리에는 프레임이 있는데, 프레임에 따라 안건처리를 함으로써 안건처리의 확실성을 올릴 수 있다. 그러기 위해서는 다음 〈표10〉의 항목을 체크하는 것도 좋은 방법이다.

표10 ▎체크 항목

□ 문제점을 파악하였는가? 또한 본질적인 문제점을 파악하였는가?
□ 원인을 파악하려는 행동을 하였는가?
□ 대책을 위한 가설을 세웠는가?
□ 가설을 뒷받침하기 위한 정보수집을 하였는가?
□ 대책을 복수로 세워서 검토하였는가?
□ 혼자서 진행하는 것이 아니라, 관계자와 협의하여 진행하였는가?
□ 판단을 회피하지 않았는가?
□ 지시사항을 확인하고, 재발 방지책을 검토하였는가?

6장

인바스켓 트레이닝의 효과

1. 문제해결 프로세스를 익힌다

문제해결의 프로세스에서 결여나 누락이 발생하기 쉬우므로, 마지막 정리라고 할 수 있는 프로세스의 효과 또는 결과에 대한 확인이 필요하다. 결과확인이란 결과를 확인함으로써 다음에 동일한 문제가 발생하지 않도록 예방하거나, 혹은 더 좋은 결과를 낼 수 있도록 프로세스를 개선하는 과정이다.

또한, 결과를 확인함으로써 다음에 발생할 문제를 예방하는 수단을 강구할 수도 있다. 이것을 재발방지 행동이라고 한다. 동일한 실수를 되풀이 하지 않기 위해서라도 결과를 체크하여 다음에 개선할 수 있도록 하는 것은 관리자와 리더로서 중요한 행위라고 할 수 있다.

인바스켓 트레이닝에서도 지시를 내리기만 하는 것이 아니라, 결과를 확인하는 것을 잊어서는 안 된다. 결과확인에서 보고를 받는 행동이 있는데, 이 행동은 결과를 확인하거나, 진행상황을 확인한다는 의미가 있다.

지시를 내린 사항에 대하여 결과를 체크하는 것은 물론이고, 부하직원의 업무진척 상황을 확인하는 행동은 관리자와 리더에게 반드시 필요한 행위이다. 관리자와 리더가 부하직원의 업무진척 상황을 관리하고, 필요에 따라서 지원을 하거나 서포트 체제를 구축하는 일은 중요한 역할이다.

따라서 자신의 업무를 관리함과 동시에 부하직원의 업무진척 상태를 관리할 의무가 있으므로, 보고를 받는다는 결과에 대한 확인행위는 반드시 지켜야 할 업무이다.

반드시 보고를 하도록 하면, 부하직원이 일하기 어려워질 것이라고 생각하는 사람도 있겠지만, 부하의 입장에서도 업무결과가 나오고 나서 수정하는 것보다는 계획단계나 실행단계에서 수정을 하는 편이 효율성도 높으며 사기도 저하되지 않는다.

그렇다면 안건처리를 일임했을 경우, 피드백을 어떻게 하면 좋을지 생각해 보자. '이 건은 자네에게 맡긴다'라고 했는데, 상세하게 보고를 하라고 한다면, 일임한 것이 아니라고 생각할 것이다.

그러나 착각하지 말아야 할 점은 맡긴다는 것과 방치한다는 의미를 혼동해서는 안된다는 것이다. 일정한 단계에서의 보고는 반드시 필요하며, 절대로 끈이 끊어진 풍선과 같은 상태로 방치해서는 안 된다. 일정한 단계란 계획을 세운 시점, 그리고 그 계획에 변경이 생긴

시점을 말한다.

업무를 담당하게 된 부하직원도 계획을 상사에게 보고할 의무, 그리고 상사가 승인한 계획을 변경할 때에 재승인을 얻을 의무가 있다.

결과의 확인은 보고를 받는 것만이 아니라, 부하직원에게 정보를 주거나, 자신의 생각을 알려주는 행위도 포함된다. 또한, 보고 받은 결과에 대한 객관적인 평가를 부하에게 전달하거나, 개선점이나 사기 앙양을 위한 조언, 위로의 말을 건네는 행동도 잊어서는 안 된다.

어느 쪽이든 결과를 확인하는 행동은 좋은 결과를 얻기 위한 행동이기에 다음의 결과를 좋게 하기 위해서 잊어서는 안 된다.

2. 인바스켓은 아웃풋형 트레이닝이다

인바스켓 트레이닝을 하는 방법에도 효과적인 방법과 그렇지 않은 방법이 있다. 본서에서는 인바스켓 트레이닝을 하는데 필요한 지식이나, 정보에 대하여 설명을 하고 있지만, 이러한 지식과 정보가 당신의 역량을 발휘하도록 하는 것은 아니다.

본서의 중요한 부분을 암기하고 숙독하여도 제대로 아웃풋이 되지 않고, 인풋만 이루어진다면 무의미하다. 인바스켓 트레이닝은 인풋을 목적으로 하지 않고 당신의 지식, 경험, 기술, 그리고 역량을 어떻게 아웃풋할지를 트레이닝 하는 것이라고 이해하여야 한다.

즉, 아웃풋할 기회를 어느 정도 늘려서 역량을 충분히 발휘할 수 있는 상태로 만들 것인지가 중요하다. 그러기 위해서는 가능하면 많은 안건과 문제에 도전하여 아웃풋할 수 있는 빈도를 늘려야 한다.

사람들에게는 각자 선호하는 트레이닝 방법이 있지만, 필자가 추천하고 싶은 방법은 필요한 지식과 사고를 습득한 다음, 인바스켓 문제집을 가능하면 많이 풀어보는 방식이다.

적어도 인바스켓 문제집을 3종류 정도 읽고, 트레이닝할 것을 추천한다. 레벨을 약간씩 달리하면 더욱 좋다. 다양한 시점에서 인바스켓 트레이닝을 실천한다면 역량이 훨씬 더 발휘되고 향상되리라고 기대한다.

3. 자신만의 방식을 확립한다

일본에 수파리(守破離)라는 교습방법이 있다. 이는 예로부터 무사도, 화도(꽃꽂이), 가부키 등에서 사용하는 단어로 처음에는 스승이 가르치는 대로 형태를 배운다. 그 후, 그 형태를 대조하고 연구하여 자신에게 맞는 보다 좋은 형태를 만듦으로써 기존의 스승에게서 배운 형태를 파계한다. 마지막으로는 스승의 형태, 그리고 자신이 만들어낸 형태에 입각한 지식과 기술에 대해 잘 알고 있기 때문에 틀에서 자유로워지고, 틀에서 벗어나 자유자재가 된다는 것이다.

따라서 수(守)는 스승의 가르침 하에 작업을 수행하거나, 자율적으로 작업을 수행하는 것을 의미하고, 파(破)는 작업을 분석하여 개선하고 개량하는 것을 의미하고, 리(離)는 새로운 지식이나 기술을 개발하는 창조를 의미한다.

인바스켓 트레이닝에서도 형태를 배우는 것은 매우 중요하다. 사람은 각자의 사고방식과 가치관을 가지고 판단하거나 행동을 한다. 그러나 대부분은 편견, 실수 등 특유의 버릇이 있다.

예를 들어 문제를 발견하면 반사적으로 대책을 세워서 실행하는 사람은 자기방식을 중시하므로, 몇 번을 트레이닝 하더라도 습관이 바뀌지 않는다. 그 뿐만이 아니라 독특한 사고방식이 완전히 정착될 우려가 있다.

인바스켓 트레이닝에 있어서 첫 번째로 수(守)는 판단에 이를 때까지 ①문제발견, ②문제분석, ③정보수집, ④대책입안(복수), ⑤관계자와의 협의, ⑥판단, ⑦행동, ⑧효과확인 등의 과정에 따라 생각하고, 인바스켓적인 생각, 즉 형태를 트레이닝한다.

두 번째로 파(破)란, 수를 실천하였다는 전제 하에서 그것을 타파하는 행동이다. 즉, 기본을 습득한 다음에 지금까지의 생각이나, 기법 이외의 행동을 시도하는 것이다. 중요한 것은 기본을 습득한 다음에 타파해야 한다는 것이다. 기본을 습득하지 않고, 형태를 익히지 않은 단계에서 타파하는 것과는 전혀 다르다.

그리고 몸에 익힌 형태에서 벗어난다는 행위는 틀을 깨는 것이어서 많은 용기가 필요하다. 언제까지나 어느 한 범위 내에서만 생각할 것이 아니라, 자기만의 응용이 필요하다. 인바스켓 트레이닝에서도

이 틀에서 벗어나지 못하면, 무턱대고 모범답안을 요구하거나, 자신의 답안을 패턴화하는 등 바람직하지 못한 방향으로 나가게 된다.

마지막으로 리(離)는 홀로 서기를 하거나, 혹은 자신만의 방식을 확립하는 것이다. 배운 것을 자기 나름대로 타파하는 방법을 안정적으로 확립할 수 있게 되면, 수파리의 최종단계인 '리'라고 할 수 있다.

4. 다양한 사고를 공유한다

다시 말하면 인바스켓 트레이닝은 결과가 아니라, 결과를 얻기까지의 판단이나 행동을 중시한다. 결과를 얻기까지의 판단과 행동을 통하여 당신의 업무진행방식, 사고방식 등을 파악하여 분석하는 것이므로, 사람은 각자의 가치관이나 경험에 따라 다양하게 사고하며, 이에 따라 인바스켓 안건의 처리방법도 다양해진다.

자신은 상식이라고 생각하는 일도 타인의 입장에서 보면 비상식적으로 비춰지기도 하고, 동일한 체험을 하더라도 사람에 따라 해석하는 방법이 다른 경우가 많다. 예를 들어 경찰관이라는 단어를 들었을 때에 당신은 어떠한 이미지가 떠오르는가? 경찰관으로부터 도움을 받은 경험이 있는 사람은 의지가 되는 존재라고 느낄 것이고, 교통위반으로 처분을 받은 사람은 귀찮은 존재라고 느끼는 등 제각각 다양하게 받아들인다.

인바스켓 안건에서도 안건처리에 관한 사고방식은 각자의 가치관이나, 지금까지 습득한 소속회사의 풍토에 따라 다르다. 예를 들어 인바스켓 안건에서 부하직원의 의욕이 상실되었다는 정보를 얻었을 때, 특정한 부하직원의 의견이라고 생각하는 사람이 있는가 하면, 부서 전체의 의욕저하로 받아들이는 사람도 있다. 즉, 당신이 옳다고 여기는 것이 유일한 정답은 아니므로, 조금 다르게 생각하는 사람도 있다는 것을 받아들이는 것이 중요하다.

혼자서 생각하면 좋은 생각이 떠오르지 않는 경우가 많다. 그러나 많은 사람들의 생각을 들으면, 각자 나름대로의 논리가 있기 때문에 자신이 판단하는데 있어서 선택항목이 많아지고 활용할 수 있는 폭이 넓어진다.

판단의 선택항목과 사고논리가 몇 가지 정립되어 있으면, 안건처리 역량의 폭도 넓어진다. 인바스켓 프로그램에서는 개인 워크숍 이후에는 집단으로 토의하는 장을 마련하고 있다.

이때 자신의 생각과 가치관을 고집하는 사람을 만나는 경우가 종종 있으며, 타인의 생각을 일체 받아들이지 않는 경우와 판단의 선택항목을 다양하게 갖고 있지 않은 사람도 있다. 이러한 사람들은 선택항목이 좁거나 적어서 인바스켓 사고가 한정되게 된다.

인바스켓 트레이닝에서는 다양한 선택항목을 갖추고, 이를 활용하여 자신의 인바스켓 사고를 몸에 익히는데 목적을 두고 있다. 따라서 거부하지 말고 우선은 받아들인다. 이러한 습관을 몸에 익히는 것이야 말로 당신의 선택항목이나, 사고의 폭을 넓히고 인품을 넉넉하게 하는 요인이 된다. 즉 용모 등의 겉모습만이 아니라, 그 사람의 포용력과 생각의 깊이 등을 포함한 내면적인 인품이 풍성해 진다.

인바스켓에서도 변화에 대한 대응을 요구하거나, 자신에게 악의를 가진 등장인물이 나타나는 경우가 있다. 이를 극복하려면 인품이 필요하다. 악의를 품은 부하직원을 어떻게 다룰 것인가는 그 사람의 사고방식에 달려있다. 독은 독으로 제어해야 한다는 한 가지 생각밖에 할 수 없다면, 리더로서는 외로운 사고방식이라고 할 수 있다.

한 가지 사항에도 많은 방법이 존재한다. 그리고 이것을 깨닫느냐의 여부는 당신이 어떻게 받아들이냐에 달려있다. 타인의 사고를 배우는 방법에는 여러 가지가 있다. 예를 들어 책이나 신문, 텔레비전 등에는 여러 가지 주장과 논평이 있다. 또한, 당신의 부모님이나 상사, 친구로부터도 의견을 들으며 배울 수 있다.

인바스켓 문제집을 트레이닝한 다음에 자신이 답변한 것에 만족하고, 다른 사람의 답안을 체크하지 않는 사람도 있다. 그렇게 해서는 향상되지 않고, 읽어보고 그런 생각도 있을 수 있다는 것을 오픈 마인드로 받아들이는 습관을 들인다면 인바스켓 트레이닝뿐만이 아니라, 당신의 인생관과 가치관에도 좋은 영향을 미칠 것이다.

5. 잠재역량을 계발한다

재난 현장에서 죽음의 위협 앞에 의연한 사람을 찾기가 쉽지는 않지만, 그렇다고 모두가 패닉 상태에 빠지는 것은 아니다. 인간이 재난에 직면하였을 때에 나타나는 행동에 따라 분류하면 패닉형, 긴장형, 추종형, 우유부단형, 영웅형 등으로 분류된다고 한다.

우선 패닉형은 재난에 직면하면 공포에 질려 머리 속이 하얗게 되어 눈앞에 있는 비상구도 못보고 소리를 치며 우왕좌왕한다. 긴장형은 위기상황에 그대로 얼어붙은 채 어떠한 대응행동도 하지 못한다. 추종형은 자신의 판단보다 다른 사람들의 행동과 의견을 따르는 경향이 강해 그들의 선택을 따른다. 그리고 우유부단형은 재난에 직면하더라도 어떻게 할지 고민만 하다가 탈출시기를 놓칠 수 있는 유형이다. 마지막으로 영웅형은 재난 현장에서 영웅적 면모를 발휘하여 죽음을 무릅쓰고 구난활동을 하며, 진정한 리더가 되어 우왕좌왕하는 사람들을 안전한 곳으로 이끄는 형이다.

인간은 대체적으로 재난에 직면하면 상기 분류에 따라 행동하는 것이 일반적이지만, 그렇다고 모두 선천적으로 타고나는 것이 아니라 환경에 따라 본인도 놀랄 정도로 엄청난 역량을 발휘하는 경우도 있다. 하지만 이러한 역량도 아무 때나 발휘되지는 않으며, 역량을 발휘할 수 있는 상황이 되어야만 가능하다. 평상시에는 드러나지 않던 힘이 돌발적인 사건에 의해 발휘되는 것을 '재난현장에서의 초능력'이라고 한다. 이러한 역량은 재난이 일어나지 않는다면 영원히 발휘되지 않는다. 하지만 '재난현장에서의 초능력'도 갑자기 나타나는 것이 아니라, 원래 내재되어 있던 역량이 어떤 사건을 계기로 발휘되는 것이다.

재난현장에서의 초능력은 두뇌의 힘도 포함된다. 잠재역량이라는 인간에게는 평상시에는 나타나지 않아 실제로 자신도 모르는 역량이 있다. 만약에 기회가 생기면 틀림없이 상상 이상의 가치를 발휘하게 될 것이다.

반대로 세상에는 역량을 갖추지 못하고 있음에도 불구하고 자신은 역량이 있다고 믿는 사람도 많다. 상사의 앞에서는 리더십을 발휘하는 흉내를 내거나 어필하던 부하도 상사의 뒤를 이어 그 자리에 앉게 되면 전혀 역할을 하지 못하는 경우도 많다.

유감스럽지만 이러한 현상이 실제 비즈니스 현장에서도 일어나고 있다. 예를 들어 요령 좋은 사람이 높은 평가를 받고 승진하는 등 타당성이 없는 이동이 이루어지는 경우를 종종 볼 수 있다.

그러나 인바스켓을 활용하면 실제로 한 개인이 관리자나 리더의 입장이 되었다고 가정하여 가혹한 환경하에서 어떤 판단이나 행동을 취할지를 상세하게 관찰할 수 있다. 바꾸어 말해 모의연습을 통해 자신이 어떤 유형인가를 판단하고, 유형에 따라 자신을 개발할 수 있게 된다.

인바스켓은 여타의 평가 툴과는 달리 각 개인이 가지고 있는 역량 발휘 정도를 측정하는 툴이므로, 단기간에 공부를 해서 점수를 높일 수는 없다. 개인이 지닌 역량만이 결과를 나타낸다. 따라서 인바스켓 트레이닝으로 완성되는 것은 자신이 가지고 있는 잠재력의 발굴이다.

그렇기 때문에 인바스켓은 대기업을 비롯하여 많은 기업에서 역량개발의 툴로 각광을 받고 있다.

6. 해답은 답안자의 수만큼 존재하므로 공통의 척도로 평가한다

사람은 각자의 가치관, 신념 등에 기초하여 판단한다. 당신에게 부하직원이 있다면 부하가 자신과 동일한 생각과 가치관으로 업무를 처리할 것이라고 간주하기에는 무리가 있다. 부하직원에게는 나름대로의 가치관과 생각이 있기 때문에 인바스켓의 안건처리에서는 답안자의 수만큼 처리하는 방법이 다양하게 존재한다.

따라서 한정된 시간 안에 얼마나 성과를 올리는지를 묻는 인바스켓 최대의 특징은 절대적인 정답이 없다는 점이다. 일반적으로 테스트라고 하면 반드시 정답이 있으며, 자신이 쓴 답안과 정답을 비교하면서 채점을 할 수 있다. 그러나 인바스켓에는 정답이 없다.

즉, 예를 들어 부하직원의 상담에 응답해야 한다는 안건이 있다고 해서 정형화하여 판단하고 대답해야 한다는 절대적인 정답이 있는 것은 아니다. 판단에 절대적인 정답이 존재하지 않고, 모든 상황이 언제나 똑같다고 할 수 없기 때문에 어떤 판단을 했는지, 판단의 결과에 대해서 좋고 나쁨을 메길 수가 없다.

예를 들어, 어떤 사례에 대하여 상식적으로 판단을 하면 당연히 이렇게 판단할 것이라고 생각하는 경우가 많다. 그러나 시대가 다변화되고 있는 현실에서는 이러한 생각은 통용되지 않는다. 왜냐하면 가치관이나 사물에 대한 생각이 변화하고, 판단과정도 다르기 때문이다.

모든 판단은 본인 나름대로의 가치관과 사고가 뒷받침하고 있다. 각자 처한 환경에서는 나름대로 논리성이 있기 때문에 결코 부정되어서는 안 된다. 그러나 고유의 가치관이 때로는 마이너스의 방향으로 작용되는 경우도 있다.

매스컴을 통해서 거의 매일같이 기업이나 공공기관의 불상사가 보도되는 것을 듣고 볼 수 있다. 조직의 의사결정이 결과적으로 마이너스로 작용한 것이다. 조직의 의사결정이란 결국은 개인의 판단이다. 관리자가 실제로는 예상치 못한 판단이나, 잘못된 판단을 하는 것은 개인의 안건처리 방법, 사고 등을 충분히 파악하여 지도하지 못한 기업측의 책임이기도 하다.

그런데 더욱 위험한 것은 조직 전체의 가치관과 사고가 잘못되었을 때이다. 기업 내에서 상식으로 통하는 것이 사회에서는 비상식인 경우를 종종 볼 수 있는데, 소속 기업에서 퇴직한 이후에 이를 깨달았다는 경우를 우리는 주변에서 자주 볼 수 있다.

같은 그룹사 내에서도 업종이 다르면 가치관이 다르고, 같은 경우라도 대처방법과 사고가 전혀 다를 수 있다. 다시 말해 고객에 대한 생각, 리스크에 임하는 방법, 업무의 진행방식 등은 기업에 따라 다양한데, 조직 내에서는 일반적으로 통용되는 상식이라고 믿고 있다.

이와 같이 개인에 따라서 안건처리 방법과 사고가 다양하기 때문에 한 마디로 어떤 판단이 옳고 그르다고 하기는 어렵지만, 판단을 하기 위해서는 일정한 프로세스가 있다. 이러한 과정은 어느 업계나 직종이라도 동일하다.

인바스켓 트레이닝에서는 이러한 판단과정과 논리성에 있어 다양한 가치관이나 사고를 가진 사람이라도 프로세스와 역량의 발휘도라는 척도로 평가하여 보다 좋은 판단을 할 수 있는 구조인가를 확인할 수 있다.

조직은 판단과정과 방향성을 일정하게 정하지 않으면 안정된 조직을 운영할 수 없다. 따라서 판단과정과 방향성에 관한 교육이 필요하다. 대부분 OJT 등으로 교육을 하지만, 부하의 가치관이나 사고는 쉽게 바뀌지 않는다. 자칫하면 단순한 근성론으로 받아들여져 오히려 역효과를 낳을 수도 있다.

인바스켓 트레이닝에서 무엇보다 효과적인 것은 논리적이고, 동일한 척도로 업무의 진행방식과 안건처리 방법에 대하여 교육하는 것이다. 또한 동일한 가치관을 공유하려면 언어가 아니라, 형태가 있는 것으로 공유하는 것이 중요하다.

7. 판단과정이 올바른지를 파악한다

인바스켓에서는 결과를 평가하지 않고, 결과에 이르는 프로세스를 관찰하여 평가하기 때문에 판단의 결과가 중요하지는 않다.

앞의 예에서도 설명한 것처럼 안건이나 업무의 진행방식은 개인에 따라서 천차만별이며, 뜻밖의 답변을 하는 경우가 자주 있다. 이러한 다양한 답안이 어떠한 결과를 도출하는지를 추측하여 평가해서는 안 된다. 왜냐하면 추측이라는 행위에는 평가자의 주관이 들어가 있어 올바른 평가를 할 수 없기 때문이다.

그러나 어떤 사람이 어떤 프로세스를 거쳐서 이러한 판단을 했는지를 확인할 수는 있다. 예를 들어 '어떤 정보를 기초로 판단했는가?'라던가, '이러한 판단을 내린 과정에서 나름대로 아이디어를 냈는가?' 등의 프로세스이다. 이처럼 프로세스에서 발휘된 역량을 인바스켓에서 평가한다. 즉, 판단의 결과를 평가하는 것이 아니라, 그 경위를 분석하여 어떠한 역량이 발휘되어 있는지를 평가한다.

인바스켓 트레이닝에서는 판단할 때 올바른 프로세스를 거쳐야만 좋은 결과가 나온다는 생각을 가져야 한다. 실제 비즈니스에서는 결과가 중시되지만, 인바스켓에서 결과는 올바른 판단과정에 의해 도출된다고 생각한다.

이것이 이전의 사고와는 다른 인바스켓적인 사고라고 할 수 있다. 결코 결과를 무시하는 것이 아니다. 그러나 좋은 결과가 나오려면 반드시 과정이 있어야 하며, 보다 좋은 결과를 지속적으로 도출하기 위해서는 프로세스가 올바른지를 검증할 필요가 있다.

예를 들어 상사인 당신이 부하직원에게 영업목표를 달성하도록 지시하였다고 하자. 그 결과 5명의 부하직원 전원이 목표를 달성하였다.

결과는 5명이 모두 같지만, 결과에 이르는 프로세스는 각자 다르다.

A라는 부하직원은 영업목표를 달성하게 되었으므로 고객의 불만이나 요구를 분석한 다음에 유효한 제안을 하여 그것이 결과로 이어졌다. 한편, B라는 부하직원은 컴플라이언스(Compliance: 법규준수)를 위반하는 방법으로 영업목표를 달성했다. 이와 같이 5명 모두 결과는 같아도 목표에 도달하는 프로세스는 다르다.

실제 현장에서는 결과를 중시하는 경향이어서 결과에 이르기까지의 프로세스는 별로 평가를 받지 못한다. 그러나 프로세스가 중요하다.

만일, A의 프로세스를 높이 평가하고 모델화하여 다른 직원을 교육시킨다면 전체의 성과는 오르겠지만, B의 프로세스를 방치한다면 이는 리스크가 되어 다른 부하직원에게 확산될 우려가 있다.

그러나 프로세스를 평가하는 방법이 잘못된 경우도 있다. 프로세스를 중시한다는 기업이 '이 직원은 노력하고 있다' '땀을 흘리며 열심히 하고 있다' '밤 늦게까지 일하고 있다' '휴일에도 쉬지 않고 일하고 있다' 등과 같이 프로세스와는 동떨어진 막연한 척도를 사용하고 있는 경우가 많이 있다. 이는 프로세스를 정확히 평가한 것이 아니다.

실제로 다음과 같은 예가 있었다. 한 영업사원의 하루를 조사하였더니, 거의 일을 하지 않았다. 영업을 한다고 회사를 나온 후, 커피숍과 사우나에서 느긋하게 쉬었다가 시간을 보낸 다음, 퇴근시간이 되어 늦게 영업소로 돌아왔다. 이유를 물어보니, 우연히 전날 대규모의 수주를 받아서 당월 목표를 달성하게 되었으므로, 더 이상 실적을 올릴 필요가 없다고 생각한다는 것이었다.

이 영업사원의 첫 번째 문제는 '평가기준의 하나가 외부에서 영업활동을 하는 시간과 연동한다'라고 인식하는데 있다. 아마도 그의 상사는 밤 늦게까지 영업을 하며, 이곳 저곳 다니면서 수주를 받으러 다닌다고 평가하고 있을 것이다. 즉, 어떤 프로세스를 거쳤는지는 평가하고 있지 않다. 이처럼 결과를 평가하는 일은 간단하지만, 프로세스를 평가하는 일은 어렵다.

결과란 알기 쉬운 척도이기도 하며, 또한 수치로 표현되는 경우가 많기 때문에 공평하다는 느낌이 있다. 다만, 결과를 너무 중시하게 되면 기업은 다양한 폐해가 발생한다. 특히, 요즈음에는 컴플라이언스 문제로 기업이 퇴출되는 사태에 이르는 사건이 계속되고 있는데, 어째서 올바른 판단을 할 수 없었을까? 이것은 평가를 함에 있어서 결과를 중시하기 때문에 생긴 폐해라고 할 수 있을 것이다.

판단에 이르기까지의 프로세스가 정상적이라면 잘못된 판단은 내리지 않았을 가능성이 높기 때문에 적어도 조직은 잘못된 방향으로 나아가지 않는다.

이와 같은 상황에서 최근 컴플라이언스 교육의 일환으로 연수 프로그램에 인바스켓 기법을 도입하는 경우도 증가하고 있다. 결과에 이르는 프로세스를 인바스켓 트레이닝의 답안이나 점수로 재평가하여 올바른 프로세스를 몸에 익히는 것이 중요하다.

8. 인바스켓은 유효한 실천적 모의연습이다

어느 날 갑자기 승진발령을 받았다고 하자. 당신이라면 어떻겠는가? 우선 기뻐할 것이다. 그러나 기쁨도 잠시일 것이고, 당황, 불안, 도전 등 여러 가지 생각으로 머릿속이 복잡할 것이다. 그리고 대부분의 사람은 인사명령을 받고 과연 자신이 잘 할 수 있을지 불안해 한다.

걱정이 되는 것도 무리는 아니다. 관리자나 리더가 되면 비록 같은 직장이라고 할지라도 일의 진행방식이나 생각이 바뀌기 때문에 전직이라고 해도 과언이 아니다. 직책이 주어지면 어떻게든 견뎌나갈 수 있을 것이라고 생각하는 사람도 많을 것이다. 얼마 전까지만 해도 자리가 사람을 만든다고 주장하는 사람도 많았지만, 지금은 직책이 당신의 성장을 기다려 주지 않는다.

뒤돌아 보면 알 수 있다. 당신을 대신할 사람들이 당신의 자리가 비기를 기다리며 길게 줄을 서있다. 따라서 인사명령을 받았을 때부터 자신의 역량을 발휘하여 업무를 수행할 수 있도록 준비해 두는 것이 다음 리더를 목표로 하는 사람의 기본적인 각오라고 하겠다.

부임 직후에 바로 활용할 수 있도록 자신을 미리 단련하고 준비하는 것이 중요하다. 다시 말해 준비된 사람이 되어야 한다. 구원투수로 지명되고 나서 투구연습을 하는 선수는 필요 없다. 투구연습이란 바로 가동할 수 있는 체제를 스스로 만드는 것이기에 관리자나 리더에게도 투구연습과 같은 모의연습이 필요하다.

인바스켓 트레이닝은 관리자와 리더를 목표로 하는 개인에게 매우 유효한 모의연습이다. 이러한 모의연습을 통하여 자신이 실제로 설정된 입장에서 어느 정도의 역량을 발휘할 수 있는지를 알 수 있다.

인바스켓 트레이닝에서는 장래 필요한 역량의 발휘도를 알 수 있을 뿐 아니라, 현재의 업무에 필요한 역량을 갖추고 있는지도 평가한다. 잠재적인 역량 이외에도 현재 필요로 하는 역량의 발휘도도 측정하는 것이다.

관리자나 리더는 아무나 할 수 있는 간단한 직책이 아니다. 연습기간과 충분한 트레이닝이 필요하다. 아무리 훌륭한 사고나 지식을 가지고 있어도 실제 결과로 나타나지 않는다면 업무로 이어지지 않는다.

예를 들어 증권회사에서는 신입사원에게 시뮬레이션으로 주식거래를 연습하게 하여 시세를 몸에 익히게 하고 있다. 하지만 관리자나 리더는 이러한 훈련을 하는 경우가 거의 없으며, 갑자기 현장에 투입되는 경우가 많다. 따라서 보다 실천적인 교육과 훈련이 필요하다.

인바스켓에서는 관리자가 실제로 접할 가능성이 높은 안건을 처리하며, 실제 환경에 가까이 접근하기 위해 시간적인 제약이나 불확실한 정보 등 가혹한 환경을 설정하고 있다. 따라서 인바스켓 트레이닝에서는 관리자나 리더로서의 실천적인 훈련을 쌓을 수 있다.

기업측에서는 관리자나 리더를 선발하기 위한 모의시험으로 인바스켓을 많이 활용하고 있다. 인바스켓이기 때문에 가능한 환경설정으로 채용이나 임용 이후의 업무진행 방식과 행동을 관찰한다. 사고방식은 위장할 수 있지만, 판단이나 행동을 위장할 수는 없다.

예를 들어, 여러 안건 중에서 시간이 부족할 것을 예측하고, 중요한 안건부터 처리하는 타입이라면 평소의 업무처리 방식도 효율적으로 진행할 것이다. 반대로 첫 안건부터 처리하기 시작하여 절반 정도의 안건에 이르렀을 때에 시간이 부족하여 마무리를 서두르는 타입은 평상시의 업무에서도 우선순위를 매기지 않고 진행하고 있다고 추정할 수 있다.

이는 업무처리 스타일만 파악한 예이지만, 이와 같이 판단방법, 안건처리 방법 등 많은 역량요건을 파악할 수 있으며, 지금까지의 면접이나 지식 테스트 등에서는 알 수 없었던 역량도 파악할 수 있다.

9. 가지고 있는 역량을 갈고 닦을 수 있다

사람은 누구나 훌륭한 역량을 가지고 있다. 그러나 역량을 가지고 있다고 해도 발휘되지 않는다면 무용지물이다. 또한 일단 발휘되었던 역량도 지속적으로 사용하지 않으면 점차 퇴화한다. 즉, 역량도 정기적인 관리가 필요하다.

아무리 훌륭한 명검이라도 녹이 슬면 도움이 되지 않듯이 막상 활용하려고 했을 때 사용할 수 없게 된다면 애초에 역량이 없는 것과 마찬가지이다. 여기에서 짚고 넘어가야 할 점은 당신이 가지고 있는 역량을 어째서 충분히 발휘하지 못하는가 하는 것이다. 그 이유는 당신의 역량을 발휘하지 못하게 하는 함정이 있기 때문이다.

우선, 첫 번째 함정은 발휘할 수 있는 환경이 갖추어지지 않았다는 점이다. 잠재역량을 가지고 있지만, 발휘할 수 있는 환경이 아니기 때문에 스스로도 역량이 없다고 믿어 버린다. 따라서 영원히 발휘할 기회를 얻지 못하는 악순환이 되풀이 된다. 이렇듯 역량을 발휘할 기회를 잃으면 귀중한 역량을 충분히 살리지 못하게 되므로, 당신에게 있어서 중요한 재산을 잃는 것과 같다.

이를 방지하기 위해서는 스스로 역량을 발휘할 수 있는 기회를 만드는 것이 중요하다. 바꾸어 말하자면 안일한 사고를 버리라는 것이다. 앞에서도 언급했지만, 인바스켓 트레이닝의 환경설정은 경험한 적이 없는 많은 사람들은 이러한 처리에 자신이 없어서 불안을 느낀다. 그러나 불안해 하기만 할 것인지, 기회로 포착할 것인지에 따라서 역량발휘는 달라진다. 우선 자신에게는 대응력이 있다는 믿음을 갖는 것이 역량을 발휘하는 첫걸음이다. 그리고 역량을 발휘할 기회가 주어지기를 기다릴 것이 아니라, 기회가 오면 놓치지 않도록 인바스켓 트레이닝을 시작하기를 바란다.

두 번째 함정은 업무수행에 필요한 역량이 발휘되지 않아도 평가를 받는다는 구조에 있다. 앞에서도 서술한 바와 같이 우연히 좋은 결과가 나왔을 때, 그 결과는 높이 평가를 받지만 프로세스에서 역량을 발휘하고 있는지에 대한 여부는 평가되지 않는 경우가 많다.

이는 고위직의 임용에서도 동일하다. 필요한 역량이 발휘되지 않았음에도 불구하고, 결과나 표면적인 평가만으로 고위직에 임용될 가능성이 있다.

직장에서 문제를 발견하여 상사에게 보고를 했는데 상사에게 프로세스를 평가하는 역량이 없다면, 또 성가신 문제를 가져왔다거나, 쓸데 없는 일을 만드는 부하직원으로 낙인이 찍힐 가능성이 있다. 이처럼 역량발휘가 평가를 받지 못할 뿐만 아니라, 기업 체질이나 평가구조가 역량을 발휘하기 힘든 구조로 되어 있다면, 기업 전체로 손실이 확산된다.

프로세스나 역량의 발휘도가 경시되기 때문에 어떤 역량이 어느 정도 발휘되고 있는지를 상사는 물론이고, 본인도 모르기 때문에 결국은 역량을 발휘하지 못한다. 기업은 수 많은 사람의 가치관이 모인 집합체이므로 간단하게 바뀌지 않는다. 그렇다고 자신을 이러한 함정에 빠지도록 방치해서는 안 된다. 프로세스를 중시하지 않는 회사에서는 자신의 역량은 더욱 저하될 것이고, 이러한 사실을 깨달았을 때에는 이미 때가 늦어 후회해도 소용없는 지경에 이르렀을 지도 모른다.

세 번째 함정은 계속성의 결여를 들 수 있다. 인재개발이나 역량개발을 목적으로 사내연수 등을 실시하는 기업이 많지만, 모처럼 역량을 계발하더라도 일회성으로 끝나 버리는 경우가 많다. 아무리 훌륭한 연수를 받아도 장기적인 관점이 결여되거나, 지속성이 없다면 역량은 바로 퇴화한다.

연수를 받은 직후에는 사람이 바뀐 듯이 보이던 학습자도 현장으로 돌아가서 몇 일이 지나면 원래 상태로 되돌아가버리는 경우가 많다는 것은 교육담당자는 물론, 관계자로서도 안타까운 일이다. 한 번의 연수로 역량이 비약적으로 향상되더라도 그대로 방치하게 되면 녹이 스는 것은 필연적이다.

네 번째 함정은 자신이 만든다. 스스로 역량을 발휘할 필요성을 느끼지 못하고 있기 때문이다. 즉, 발휘하지 않으려는 의사표시를 하고 있다고 볼 수 있다. 인간은 무의식적으로 고통을 피하려는 경향이 있다고 한다. 생각하는 행위도 일종의 고통이라고 할 수 있다. 그리고 문제의 해결과정을 하나씩 더듬지 않아도 판단은 할 수 있으므로, 쉽게 판단의 지름길을 택하려는 경향이 있다.

위의 네 가지 함정에 의하여 당신의 역량은 녹이 슬며, 잠재역량이 발휘되는 일이 없이 묻혀버리고 만다. 인간은 자신이 생각하는 것보다 훨씬 더 훌륭한 역량이 내재되어 있다. 따라서 자신이 가지고 있는 역량을 언제라도 사용할 수 있도록 잘 갈고 닦아서 녹슬지 않게 해야 하는데, 이때 도움이 되는 것이 인바스켓 트레이닝이다.

7장

인바스켓 프로그램의 활용

1. 용불용설(사용하지 않는 기능은 퇴화)의 원칙

트레이닝은 지속하는 것이 중요하다. 체력이나 근력의 유지에도 또한 지속성이 중요하다. 인바스켓 트레이닝으로 단련할 수 있는 인바스켓 역량도 한 번 단련했다고 영원히 지속되지는 않는다.

다윈의 진화론에서 용불용설(用不用說)이라는 단어가 있다. 사용하지 않으면 감소, 또는 퇴화한다는 폐용성 위축의 원칙이다. 당신의 주위에 있는 것도 아무런 변화가 없는 듯이 보이지만, 지속하지 않는다면 분명히 점점 감소할 것이다. 형태가 있는 것뿐만이 아니라, 우리가 이전에 익혔던 것도 원래 갖고 있던 것이 점점 없어지거나 퇴화하고 있다.

어릴 적에 갖고 있던 풍부한 창조성, 솔직한 감정, 표현력 등도 나이가 들어감에 따라서 대부분 사라진다. 그 대표적인 예가 기억이다.

새로운 기억이 들어오면, 예전의 기억은 점점 희미해진다. 그러나 기억을 되새기거나 계속 자극한다면 유지할 수 있다.

승진시험에 대비하기 위하여 인바스켓 트레이닝을 받고, 시간과 노력을 들여서 역량을 훌륭히 발휘하게 된 사람도 반년 후에 다시 만나면 이전의 상태로 되돌아가 있는 경우가 있다. 더욱 유감인 것은 본인 자신은 이를 눈치채지 못한다는 것이다. 또는 시험에 대비하여 다른 사람보다 일찍 트레이닝을 시작했지만, 시험 한 달 전에 자신은 준비를 완료하였다고 믿고는 트레이닝을 중단해 버리는 사람도 있다.

대부분의 경우, 자신의 역량을 모처럼 계발하였다면, 적어도 역량 발휘를 할 정도로 유지할 수 있는 트레이닝만이라도 계속하여야 한다. 그렇다면 구체적으로 어떻게 하면 지속할 수 있을 것인가?

(1) 계획을 짜서 습관화할 것

지금까지 인바스켓 트레이닝을 지속하지 못하고, 실패하는 사람의 상당수는 계획을 세우지 않은 것이 가장 큰 원인이라고 생각한다. 지속하지 못하는 사람의 특징으로 로켓형 트레이닝을 하고 있는 사람이 있다. 처음에는 엄청난 기세로 트레이닝을 시작하지만, 도중에 힘이 쇠진하여 트레이닝을 중단해 버린다. 매일, 매주 정해진 양을 계획적으로 트레이닝 하는 습관이 중요하다.

(2) 효과를 실감할 것

아무리 열심히 트레이닝을 한다고 해도 얼마나 자신에게 힘이 되었는지를 수치 등 눈에 보이는 방법으로 확인하지 않으면 지속하기 어렵다. 하지만, 인바스켓 트레이닝은 새로운 역량을 몸에 익히는 트레이닝이 아니라, 자신이 지금 가지고 있는 역량을 발휘하도록 하는 트레이닝이므로 눈에 보이는 효과를 실감할 기회는 별로 없다. 이러한 경우에는 누군가로부터 평가를 받는 일이 중요하다. 자신의 인바스켓 문제의 답안을 누군가에게 보이거나, 스터디 그룹에서 의견을 교환하여 평가를 받는 것이 효과적이다.

(3) 중도에 포기하지 않는다

중도에 포기하게 되는 원인은 대부분 방심이다. 자신이 어떤 행동에 대해서 스스로 그 가치를 부정하거나, 하려는 의지를 잃는 것이 방심으로 연결된다. 중도포기에서 탈출하는 일이 쉽지는 않다. 이 경우에는 외부로부터 자극을 받으면 제법 효과가 있다.

예를 들어 스터디 그룹이나 세미나에 참석하거나, 도서관에 가서 공부하는 등 타인의 의지를 보고 배우면 좋은 자극제가 된다. 이외에도 트레이닝을 중단하게 되는 요인은 많지만, 가장 큰 원인은 목표설정이 명확하지 않다는 점이다.

2. 인바스켓 프로그램의 유효성

현재 인바스켓 활용의 주요 목적으로는 관리자와 리더의 선발, 평가, 교육 등을 들 수 있다. 이는 일본에서 인바스켓의 개발목적이 관리자의 선발이었던 것이 많은 영향을 미쳤다고 볼 수 있는데, 향후에도 다면적인 평가 툴의 하나로써 인바스켓을 도입하는 기업이 증가할 것이다.

기업에서 다양한 교육을 실시하고 있지만, 인재육성과 기업에 대한 공헌을 고려한다면, 의미가 있는 것과 전혀 의미가 없는 것으로 구분할 수 있다. 다시 말해 실제로 도움이 되고, 이것을 활용함으로써 어떠한 메리트가 있는지 등이 학습자에게 전달되지 않으면, 단지 회사에서 받으라는 업무명령이기 때문에 마지못해 교육을 받는 것에 불과하다고 볼 수 있다.

교육학 이론 중에는 성인에 대한 교육이론이 있다. 성인에게 효과적인 교육방법으로는 첫째 높은 현실성, 둘째 학습자들의 의견교환 방식의 교육, 셋째 주체성의 확보 등의 요소가 중요하다고 되어 있다. 이를 바꿔서 말하면, 성인에 대한 교육으로 첫째 일방적인 지식교육, 둘째 이론 중심의 현실적 응용이 어려운 사항, 셋째 개인적인 학습 등은 적절치 않다고 할 수 있다.

우선 높은 현실성에 대해 생각해 보자. 아무리 훌륭한 이론을 배워도 현실적으로 사용하지 못하면 의미가 없다. 또한 이론을 어떻게 현실에 접목시켜야 할지 모른다면, 학습자 자신도 도움이 되지 않는 필요 없는 지식이라고 파악하게 된다.

다음으로 참가자 간의 의견교환을 통한 교육이다. 성인의 성격이나 기질 등은 거의 성숙되어 불변할 것으로 생각하지만, 타인에게 받은 자극은 사회변화 대응력에 대한 자극으로 받아들이기 때문에 교육적으로 매우 유효하다. 타인에게 자신의 생각을 전달하려면, 자신의 생각을 논리적으로 표현할 필요가 있는데, 이때 머릿속에서 정리하면서 스스로 이해한다. 이렇게 타인의 생각을 받아들이거나, 타인에게 영향을 주면서 배우는 방법이 성인에게는 유효한 교육수단이 된다.

끝으로 교육을 통해서 본인이 어떠한 결과를 내고, 나아가 주체성을 가져야한다. 즉, 처음에는 이론이나 지식적인 교육을 받고, 실제로 기획서나 제안서를 작성하거나, 프레젠테이션을 함으로써 자신의 것으로 만들려는 의욕을 갖는 것이 중요하다.

인바스켓을 활용한 교육에서도 전술한 3가지 항목은 매우 중요하다. 인바스켓은 개인의 업무처리를 주체로 하지만, 안건처리에 대한 결과를 팀 내에서 토의하고, 사례 기업이 안고 있는 과제에 대하여 제안하도록 함으로써 상기의 효과를 얻을 수 있는 커리큘럼으로 구성되어 있다.

또한 자신이 스토리의 당사자가 되어 문제해결을 시도함으로써 주체성이 필연적으로 나타나게 된다. 실제로 직장에서의 업무를 재현한 형태로 트레이닝을 하기 때문에 현실성도 있다. 아울러서 인바스켓 교육 이후의 피드백과 집단토론을 통하여 참가자 간에 의견을 교환할 수 있으므로 다른 사람의 생각을 배울 수 있어 인바스켓은 교육 툴로써 매우 유효하며, 이를 구체적으로 표로 작성하면 〈표11〉과 같다.

표11 | 인바스켓 프로그램의 유효성

유효성	설명
학습자가 자신의 평가결과에 대한 데이터를 확인할 수 있다	• 역량평가일 경우에는 개개인의 결과에 대한 데이터를 제한적으로 공개하지만, 역량개발이 목적일 경우에는 피드백과 함께 모든 데이터를 본인에게 공개한다.
교육을 받는 도중에도 학습자의 역량이 향상된다	• 교육 중에도 피드백이 실시되므로, 피드백을 받은 사항을 다음 실습과제를 수행할 때에 적용할 수 있다.
개발 가능한 역량에 초점을 맞추어 학습할 수 있다	• 현재, 혹은 미래 직무를 좀더 잘 수행하기 위해서 필요한 역량을 규명하고, 그 역량을 개발할 수 있다.
동료, 혹은 스스로를 평가할 수 있다	• 상호 관찰과 상호 피드백으로 진행되기 때문에 동료를 평가하는 기회이고, 자신을 평가할 기회가 된다.
프로그램 종료 이후에도 역량을 개발하는데 도움이 된다	• 참가자는 역량개발 계획을 세우고, 회사의 지원을 받아 역량개발을 위한 다양한 활동을 체계적으로 실행할 수 있다. • 조직 내에서 필요한 문화, 의식, 가치 등을 공유할 수 있다

3. 인바스켓 프로그램의 활용

(1) 진화하는 인바스켓

인바스켓이 개발된 시기는 1950년대이지만, 일본에 본격적으로 도입되기 시작한 것은 1980년대이다. 일본에 도입될 때에는 평가가 주요 기능이어서 관리직 임용시험의 대명사로 인식되었다.

잠시 확대추세가 주춤하였는데, 원인은 비용이 많이 소요되고, 평가자의 주관과 감성에 의지하는 평가방법이 강하여 경험과 감으로 수치화하는 것은 과학적이지 못하다는 비판이 있었기 때문이다.

이러한 비판을 받아들여 인바스켓의 평가방법도 과학적으로 진화하였다. 일본 인바스켓 연구소는 「인재관리 종합평가 시스템」을 개발하였고, 당사에서는 일본 인바스켓 연구소와 제휴하여 인바스켓을 활용하여 평가 및 교육을 실시하고 있다.

학습자의 모든 답안을 행동 레벨로 분류하여 66가지의 베이직 컨피던시로 평가하고 있다. 또 평가자의 바이어스(선입견)나 채점이 편향되지 않도록 2명의 평가자와 또 한 사람이 정성적인 평가를 하도록 하고 있다. 그 결과, 지금까지 없었던 학습자의 행동분석과 역량의 포텐셜을 측정할 수 있게 되었다.

이러한 평가는 관리자의 임용시험만이 아니라, 신입사원 선발, 경력자 채용, 또는 판단력 검정시험에도 활발하게 활용되고 있다. 최근 몇 년 사이에 인바스켓이 더욱 확대된 것은 교육 툴로써의 인바스켓이다. 연간 3만명 이상이 인바스켓 트레이닝을 하고 있고, 그 수는 급속히 확대되고 있다. 그 배경에는 인바스켓이 실천형이라는 것만이 아니라, 최대의 인지형 툴이라는 점을 들 수 있다. 달리 표현하면 인풋형 교육 툴이 아니라 아웃풋형 교육 툴이라는 것이다. 따라서 단순히 기억하는 것이 중요한 것이 아니라 실제로 현장, 또는 현업에서 사용할 수 있다는 점을 높이 평가하는 기업이 증가하고 있다.

더구나 툴로써도 다양한 형태로 진화하고 있다. 그 동안 모든 학습자가 테스트를 받는 시험지 베이스의 기술식 인바스켓 이외에도 바로 채점이 가능한 온라인 인바스켓 테스트도 개발이 되었다.

또한 신입사원 교육용 인바스켓이나 입사 2년부터 5년차를 위한 인바스켓, 간부후보, 차기 경영자를 위한 인바스켓 등 문제집도 200가지 이상 개발되어 있다.

활용범위도 확대되어 기업뿐만이 아니라, 대학에서도 강의용으로 채용되기 시작하였고, 문화센터나 사이버 대학에서도 인바스켓이 활용되고 있다.

또한 경찰서, 소방서, 병원 등에서도 인바스켓을 채용하고 있다. 향후, 컴퓨터가 사람이 하는 일을 대신 한다고 한다. 그러므로 인간이 할 일은 순간의 판단이나 일에 큰 영향을 미치는 결단, 어려운 과제의 해결 등으로 좁혀지므로, 이에 필요한 역량을 익히기 위해서는 앞으로도 인바스켓의 역할은 장소를 막론하고 무한하게 확대될 것이라고 생각한다. 다시 말해 제4차 산업혁명에 가장 적합한 평가 및 교육 툴이라고 할 수 있다.

따라서 인간의 무한한 가능성을 능력에서 역량으로 바꾸는 것, 다시 말해 '가지고 있다'는 능력에서 '할 수 있다'는 역량으로 만드는 것이 인바스켓인 것이다.

4. 인바스켓 프로그램이 활용 가능한 기타 부문

(1) 위기관리(Crisis Management)

재난은 발생원인과 사회에 미치는 충격속도, 규모, 발생장소 등을 기준으로 유형을 다양하게 분류하고 있는데, 가장 기본적인 분류는 원인에 의한 분류로 자연재해(Natural Disaster)와 인위적인 재난(Man-Made Disaster)으로 구분하고 있다. 그리고 공공부문에서는 현재 33종의 위기관리 표준 매뉴얼을 재난관리주관기관(중앙부처)에서 작성관리를 하고 있으며, 행정안전부에서 총괄적으로 관리하고 있다.

민간부문에서는 많은 기업들이 위기관리를 위하여 매뉴얼을 만드는 등의 노력을 하고 있지만, 노력한 만큼의 성과는 이루어지지 않고 있다. 영국 차터드 경영연구소(Chartered Management Institute, CMI)의 연구에 따르면, 대부분의 관리자들(94%)은 현업에서 위기상황에 직면한 경험이 있었다고 답하였고, 55%의 관리자들이 현업에서 부딪히는 위기상황에 전문적으로 대처할 수 없었다고 하였다.

조금 오래 된 사례이기는 하지만, 위기에 제대로 대응하지 못한 일본의 최대 식품회사인 유키지루시(雪印) 유업(주)이 그룹을 해체하는 사건이 있었다. 위기상황에 대하여 적절히 대응하지 못한 원인을 살펴보면 다음과 같다.

2000년 6월 27일에 오사카 공장 제조의 저지방유 등에 의해 식중독 사건이 발생하여 오사카시 보건소에 최초의 식중독에 관한 신고가 있었다. 유키지루시 유업은 사건 직후의 위기대응이 지체되어 상품의 회수와 고객에 대한 고지 및 대응을 적절하게 하지 못해 피해는 13,420명에 이르게 되었는데, 유키지루시 사건의 원인을 크게 3가지로 살펴볼 수 있다.

첫째, 직접적인 원인은 유키지루시 유업의 대목장(홋카이도 다이키마치)에서 제조된 탈지분유가 정전사고로 오염되었고, 오사카 공장에서 오염된 탈지분유를 원료로 다시 용해하여 저지방유 등을 제조하는데 사용하였다. 그 탈지분유에 황색포도상구균이 생성하는 독소(엔테로톡신 A형)가 포함되어 있었던 것이다.

둘째, 조직적인 원인은 정전으로 인해 제조라인이 멈췄고, 원칙적으로는 처분해야 하는 것이었지만 그대로 제조하여 출하하였다. 이때 현장의 위생관리 지식이 부족함과 동시에 위기관리 의식이 결여되었으며, 정전이 되었을 때의 메뉴얼도 없었다. 다시 말해 탈지분유의 세균수가 유키지루시의 안전기준을 웃돌았지만, 가열하면 안전하다고 판단하고 탈지분유를 그대로 제조하여 오사카 공장에 출하하였다.

셋째, 위기관리의 소홀로 식중독의 피해징후가 생겼을 때에는 집단 식중독으로 이어질 것이라는 의식이 전혀 없었고, 평소와 같은 민원이나 문의라고 판단하였다. 따라서 사건발생 이후에 제품회수, 사고 고지, 기자발표 등 모든 것이 지연되면서 식중독 피해가 커졌고, 또한 경영진들의 위기관리 의식부족으로 사실 은폐나 정보전달 등의 대응이 늦어지면서 리더십 부족과 각종 결정에 최고경영자가 관여하지 않은 것으로 나타났다. 결국은 위기관리에 대한 총체적인 의식부족이 그룹을 해체시키는 결과를 초래하게 되었다.

이와 같이 위기란 조직의 정상적인 기능과 운영을 심각하게 저해하거나, 부정적인 영향을 미치는 사건이나 사고로써 조직의 존폐를 위협하고 조직원을 놀라게 하는 비정상적인 사건이다. 이러한 위기를 제대로 관리하기 위해서는 기업이나 기타 조직이 대내외적으로 예상되는 주요 위기를 정확하게 파악하고, 그 위기에 대한 사전준비와 체계적인 대응을 하여야 한다.

그리고 위기를 예방하고 극복하는 조직의 총체적인 커뮤니케이션 과정이 필요한데, 이러한 쟁점관리(Issue Management)와 위기관리 역량을 배양하기 위해서는 주입형의 교육이 아닌 체험형의 교육인 인바스켓을 활용한 교육이 효과적이다.

우선, 위기를 관리하기 위해서는 첫째, 냉정해야 한다. 위기 시에 당황하면 가능한 대응도 할 수 없으므로 냉정하게 대응할 수 있어야 한다. 둘째, 현재의 취약점을 파악해야 한다. 위기관리를 고려할 때에는 기존의 개념이나, 기법의 한계에도 주의를 기울일 필요가 있다. 셋째, 피해확대를 막는 우선순위 개념이 필요하다. 위기 시에는 설비의 정보정리 등의 사소한 일에 쫓기기 쉬운 경우가 많지만, 우선순위가 높은 것부터 실시하여 피해확대를 막을 수 있는 목표를 달성하기 위해 노력해야 한다. 넷째, 판단의 타이밍이 중요하다. 위기대응에 대한 판단은 대책효과를 발휘하고 지켜야 되는 목표나 대상에 대한 영향이 허용범위 내에서 수습되도록 적절한 타이밍에 실시해야 한다. 다섯째, 대책의 유효성을 확인해야 한다. 위기관리 체제와 설비의 위기 시의 유효성은 항상 검증해 둘 필요가 있다.

이를 위해서는 매뉴얼을 작성해 두었다는 것만으로는 안심할 수가 없으며, 또한 매뉴얼을 숙지하였다고 안심할 수 있는 것이 아니어서 인바스켓을 통한 지속적인 훈련이 필요하다.

(2) 컴플라이언스(Compliance: 법규준수)

컴플라이언스(Compliance)는 위기관리(리스크 관리)와 혼용되어 사용되는 경우가 많은데, 굳이 구분하자면 위기관리의 대상에는 지진, 홍수, 태풍이나 낙뢰와 같은 자연재해부터 화재나 교통사고와 같은 사고까지 기업활동에 수반되는 모든 리스크가 포함되어 있다. 그리고 컴플라이언스는 기업활동에 수반되는 리스크 가운데, 법규 등의 위반, 임원이나 종업원의 부정행위, 기업의 불상사, 계약위반에 의한 손해배상 책임의 발생과 같은 법적 리스크라고 할 수 있다.

또한 기업활동에서 컴플라이언스라고 할 때에는 넓은 범위로 법규준수의 의미로 이용되지만, 법규 이외에도 사회규범이나 윤리를 지키고, 공정하게 경제활동을 실시한다는 개념을 포함하여 사용하고 있다.

20세기 후반에 세계적인 규제완화의 추세와 함께 대기업이 법규를 위반하며, 사회로부터 비판을 받는 사례가 급증하면서 기업에 책임이 있는 행동이 요구되었고, 컴플라이언스에 대한 법이 정비되면서 사회에서 컴플라이언스를 중시하게 되었다.

기업에서는 사원에게 컴플라이언스 연수나 스터디 그룹을 실시하고, 컴플라이언스 전담부서를 설치하여 적극적으로 대응하고 있다. 이는 위기관리의 하나로 중요하게 파악하고 있기 때문이다.

왜냐 하면, 경제 선진국으로 진입하면 할 수록 매스컴에서 매일 컴플라이언스 위반 사례가 많이 보도되고 있다. 구체적으로는 자동차 메이커의 연비 데이터의 위장, 부정경쟁 방지법의 위반(성능 데이터의 위장), 식품위생법 위반, 개인정보의 유출, 분식결제나 적자은폐 등의 부정 회계 처리, 비자금이나 보조금의 부정수급, 노동기준법 위반 등이다.

이제는 기업의 당연한 사회적 책임이라고 인식되어 위법행위나 윤리를 거역하는 행위가 발각되면 사회로부터 신용을 잃어 사업지속이 불가능하게 되어 퇴출되는 등의 리스크가 커지고 있다.

따라서 컴플라이언스 체제의 구축과 운용은 기업에 있어 빠뜨릴 수 없는 위기관리가 되었고 컴플라이언스에 대한 철저한 준수가 기업가치의 향상과 더불어 기업이 건전하게 존속하기 위한 시책이라고 할 수 있다.

컴플라이언스의 개념을 기초로 한 책임과 성실, 더 나아가 공정한 경영을 컴플라이언스 경영이라고 하는데, 컴플라이언스 경영을 실시하기 위해서는 기업내 행동규범의 정비와 사원교육의 철저, 그리고 컴플라이언스 체제의 구축이 필요하다.

사내 컴플라이언스(Compliance)는 사원이 기업내의 룰이나 규정을 지켜 높은 윤리의식을 갖는 것을 의미하는데, 사내 컴플라이언스의 철저한 준수를 위해서는 직원연수가 필요하며, 이때 인바스켓 문제를 사용하여 기업내 행동규범 등의 연수에 활용한다면 효과적인 교육을 할 수 있다.

(3) 코칭(Coaching)

국제코칭연맹(ICF: International Coaching Federation)의 정의에 따르면, 코칭이란 인생, 경력, 비즈니스와 조직에서 뛰어난 성과를 달성할 수 있도록 도와주는 지속적이며 협력적인 관계라고 하였고, 코칭 과정을 통해 고객은 배움을 보다 심화시키고 성과를 향상시키며, 인생의 질을 높일 수 있다고 하였다. 간단하게 정리하면 코칭은 상대방에게 동기를 부여해주고 업무성과를 향상시키며, 잠재역량을 개발 및 증진시키는 것이다

코칭의 종류는 다양하지만, 크게 비즈니스 코칭(Business Coaching)과 퍼스널 코칭(Personal Coaching)으로 구분된다. 비즈니스 코칭은 어떠한 목적을 가진 조직에서 시스템적으로 조직문화 형성을 위해서 도입하는 경우이다. 그리고 퍼스널 코칭은 개인의 성장을 위한 코칭으로 라이프 코칭(Life Coaching), 커리어 코칭(Career Coaching), 경영자 코칭(Executive Coaching), 리더 코칭(Leader Coaching) 등으로 분류할 수 있다.

최근 몇 년간 우리나라 기업들에서 경영자 코칭에 대한 관심이 높아지고 있다. 지난 10여년간 세계적으로 볼 때에는 포춘 500대 기업

의 임원 중 50% 이상이 코칭을 받은 경험이 있으며, 국제인증기관이 처음 설립된 이후 15년간 등록된 코치의 숫자만도 수만 명에 이를 정도로 코칭은 급속히 확산되고 있다.

코칭 사례를 보면 일본 맥도날드사는 영업점 매니저를 대상으로 코칭 교육을 실시하고 있고, 닛산 자동차는 카를로스곤 사장이 직접 코칭 리더십을 실시하였다. 우리나라는 LG전자에서 코칭 운영위원회 및 평가위원회를 설치하여 경영자, 조직 책임자, 해외점포장 등의 코칭 리더십 개발을 지원하고 있고, 포스코도 경영진 등에게 코칭 리더십을 제공하고 있다.

우선 코칭을 진행할 때에 성격유형 검사를 한다. 다시 말해 코칭에 활용하기 위하여 고객의 성격, 선호하는 상호작용 유형, 태도와 가치 평가 등의 심리평가를 한다. 주로 실시하는 기법으로는 DISC 성격유형검사가 있다. 이는 환경에 대한 인식과 개인의 힘에 대한 인식을 바탕으로 주도형(Dominace), 사교형(Influences), 안정형(Steadiness), 신중형(Conscientiousness) 등의 4가지 행동유형으로 구분하여 활용한다.

또는 MBTI(Myers-Briggs Type Indicator) 성격유형 검사로 인간의 성격을 외향형/내향형, 감각형/직관형, 사고형/감정형, 판단형/인식형의 조합에 의한 16가지 유형으로 분류하여 행정가 유형>감각/판단형, 전략가 유형>직관/사고형, 전술가 유형>감각/인식형, 이상주의자형>직관/감정형 등으로 분류하여 활용한다.

이외에도 에니어그램(Enneagram) 테스트를 통하여 가슴의 힘, 사고의 힘, 의지의 힘이라는 3가지 축을 기준으로 인간의 성격을 9가지로 구분하여 성격유형을 판단한다.

이러한 성격유형 검사와 함께 인바스켓 테스트를 통하여 당사의 10개 역량을 측정하여 활용한다면 더욱 세밀한 분석을 통하여 정확하고 유효한 코칭을 할 수 있으며, 코치는 물론 코칭을 받는 고객도 만족도를 더욱 높여 잠재역량을 향상시킬 수 있다.

(4) 아웃플레스먼트(Outplacement)

경영학의 주요 개념은 미군에서 개발되어 활용하다가 민간기업에 도입된 경우가 많다. 예를 들어 OR(Operation Research)이 미해군에서 군수물을 효율적으로 배송하기 위하여 개발되었고, 이후에 기업의 경영자가 의사결정을 수학적으로 실시하는 기법으로 발전하게 되었다.

인바스켓 역시 미공군에서 훈련의 목적이 어느 정도 달성되었는지를 측정하기 위한 좋은 방법은 없는가를 연구하여 개발된 기법으로, 선진국의 수 많은 기업에서 인적자원관리 및 교육에 활용하고 있다.

퇴직관리 역시도 미육군에서 퇴직군인을 교육시키기 위하여 체계적으로 관리하는 기법이 개발되면서 민간기업에서 조직내 인력의 퇴직상황을 파악 및 예측하고, 적정한 퇴직 수준을 유지하며, 퇴직 결정을 전후하여 발생하는 문제들을 해결하기 위하여 체계적으로 관리하게 되었다.

더구나 사회 전반의 직업구조 및 인력구조가 복잡해지고 부문별

인력수급이 급격하게 변화하는 오늘날의 상황에서 퇴직관리의 중요성은 더욱 부각되고 있다. 기업들은 경쟁력을 강화하기 위하여 핵심인재의 확보에 전력을 투구하고 있으며, 이와 함께 인적자원의 고도화와 조직의 성과를 높이기 위해서 성과 부진자의 효과적인 관리방안을 모색하고 있다.

지원전략은 퇴직을 억제하거나 촉진하는 전략과 퇴직자 및 퇴직예정자로 나누어 지원할 수 있으며, 따라서 퇴직관리를 위한 전직지원 서비스인 아웃플레이스먼트인 퇴직자 교육도 중요한 위치를 차지하게 되었다.

퇴직자 교육을 하기 위해서는 선천적 기질검사와 맞춤형 진로설계가 필요하다. 그러므로 사전에 적합한 일을 찾아 창업하거나, 재취업할 경우에 인바스켓을 활용하면 더욱 효과적인 교육을 실시할 수 있다. 퇴직자가 원하는 분야에 관련된 문제를 사전에 당사자가 되어 풀어보면서 자신이 원하는 분야에서 발생하는 문제점 등을 우선순위를 설정하여 해결할 수 있다. 그리고 문제가 발생하였을 때에 해결하는 프로세스를 익힘으로써 현장의 맞춤형 체험을 통한 효과적인 교육을 기대할 수 있다.

인바스켓으로 퇴직자 교육을 하였을 때 기대되는 효과는 퇴직자 자신에게 맞는 업무를 체험함으로써 신속하게 업무에 적응할 수 있고, 새로운 업무의 생산성을 신속히 증가시킬 수 있으며, 평생직업으로의 전환을 가능하게 한다.

(5) 채용면접

채용은 모집활동에 응모한 많은 지원자 중에서 조직이 필요로 하는 직무에 적합한 자질을 갖추었다고 판단되는 인적자원을 선발하는 과정으로, 충원에 적절한 직무자격을 갖추고 있는 인적자원을 선택하는 과정이다. 즉, 응모자격과 직무조건을 고려하여 특정 구성원의 자격을 부여하는 배치의 이전과정이라고 정의하고 있다.

채용관리의 오류로 인해 발생되는 손실은 능력이 부족한 인재를 채용하여 경쟁력이 약화되고, 부적합한 인재를 채용하여 조직이 파괴되거나, 유능한 인재를 확보하지 못하여 발생하는 인적자원의 약화, 중도 퇴직으로 인한 조직의 유동성 약화, 인재채용 및 교육에 투입되는 손실 등의 발생으로 채용의 중요성은 조직의 미래를 좌우하는 중요한 과정이다.

최근 들어 채용환경이 빠르게 변하여 면접의 중요성이 점점 더 커지고 있다. 블라인드 서류전형의 변별력이 떨어지고, 기업들은 1년에 한 두 차례 정기적으로 뽑는 정시채용보다 필요한 사람을 수시로 채용하는 것을 선호하여 사실상 면접으로만 사람을 뽑는 시대가 왔다고 한다. 구체적인 예로 현대그룹 등 우리나라 10대 그룹의 대졸 신입공채가 줄고 수시채용이 증가하고 있다.

일반적으로 채용 프로세스를 살펴보면 서류전형(최소요건과 지원동기 검증) ➡ 실무면접(인성과 역량평가를 위한 1차 검증) ➡ 인성검사(인성과 역량평가를 위한 2차 검증) ➡ 임원면접(인성과 성과의 가능성 검증) ➡ PT면접(전문성과 역량을 심층적으로 검증)➡평판조회(평가결과를 외부검증)➡CEO면접(채용여부를 최종심의) 등의 절차로 이루어지고 있다.

그리고 자사의 여건을 고려하여 프로세스를 조절하고 있지만, 대부분의 조직이 비전, 인재상, 핵심가치 실현을 위한 고유역량을 도출하고, 이를 검증하기 위한 고유 선발 프로세스를 개발하여 면접제도를 강화하고 있는 경향이다. 다양한 면접기법으로는 후보자의 역량 검증을 위하여 역량면접, PT면접, 집단토론, 합숙평가 등을 실시하고 있다.

물론 상기의 모든 프로세스를 밟아서 자사에 필요한 인재를 채용할 수 있다면 다행이다. 그러나 이러한 프로세스를 거치지 않고 인바스켓 기법을 활용하여 채용하게 되면, 상기의 프로세스를 생략할 수 있으며, 인바스켓 테스트, 또는 인바스켓 면접 등을 통해서 자사에 맞는 유능한 인재를 선발할 수 있다.

예를 들면 서류전형(최소요건과 지원동기 검증)➡인성검사(인성평가를 위한 검증)➡인바스켓 면접(역량평가를 위한 심층적 검증)➡CEO면접(채용여부를 최종심의) 등으로 자사의 환경에 맞는 프로세스를 선택하여 인바스켓 면접 등으로 역량평가와 집단토론을 함께 실시하여 비용과 시간을 절약하면서 훌륭한 인재를 선발할 수 있다.

채용에 사용되는 면접 툴은 〈그림9〉에서 보는 바와 같이 일반적인 면접, 추천서, 구조화된 면접, 생활사 면접, 성격검사, 지능검사, 인바스켓 면접 등을 들 수 있다. 일반적인 면접, 추천서 등은 객관성과 직무 타당성이 떨어진다. 그리고 지능검사와 성격검사도 객관성과 직무 타당성이 높기는 하지만, 인바스켓 면접보다는 떨어진다.

인바스켓 면접에서는 인바스켓 테스트만을 통해서 채용하던가, 아니면 지원자의 역량을 세밀하게 파악하기 위해 왜 그렇게 답안을 썼는지를 개인적으로 발표하게 하거나, 집단토론을 하도록 한다. 면접관들이 해당 직무에 대한 기준을 가지고 일정시간 동안 몇 가지 과제를 이용해서 지원자가 하는 행동을 관찰하여 평가를 한다면, 비용과 시간이 다른 채용방법보다는 다소 소요되지만, 자사에서 필요로 하는 인재를 직책과 직무에 맞게 선발할 수 있다는 장점이 있다.

채용에서 가장 중요한 사항은 첫째, 일을 잘 하려는 의욕과 자사가 필요로 하는 직무능력이다. 둘째, 독불장군이 아닌 주변과 함께 일할 수 있는 소통능력이다. 셋째, 도덕적이고 성실한 인성이다. 넷째, 이직과 전직이 많은 요즘에 오래 근무할 수 있는 기업이 선호하는 인재상이다. 이와 같은 조직의 미래를 위하여 자사에 맞는 인재상을 인바스켓 면접에서는 쉽게 파악할 수 있다.

이러한 선발 사례는 연극영화 등의 문화계와 체육계에서 흔히 볼 수 있다. 영화에서는 오디션을 보고 주인공을 선발하고, 축구 등에서는 선수를 선발할 때에 체육관에 모이게 하여 선수 각각의 역량을 테스트 하여 선발하는 툴과 동일한 방법이다. 따라서 인재를 선발하는데 있어서 객관성과 직무 타당성이 매우 높은 채용 툴이 인바스켓 면접기법이라고 할 수 있다.

이러한 선발방법은 일본의 편의점 아르바이트생을 선발할 때에도 일반화된 방법이다. 왜냐하면 인바스켓 테스트를 통해서 채용한 아르바이트생들이 오래 근무함으로써 편의점 점주는 채용과정에 들어가는 비용과 시간을 절약할 수 있고, 신뢰감도 구축할 수 있어 매우 선호하는 방법이다.

그리고 〈그림9〉 채용 툴의 직무관련성에 관한 자료를 보면 인바스켓 면접이 채용 툴의 직무관련성과 객관성 측면에서 모두 높게 나타나고 있음을 알 수 있다.

그림9 | 채용 툴의 유용성

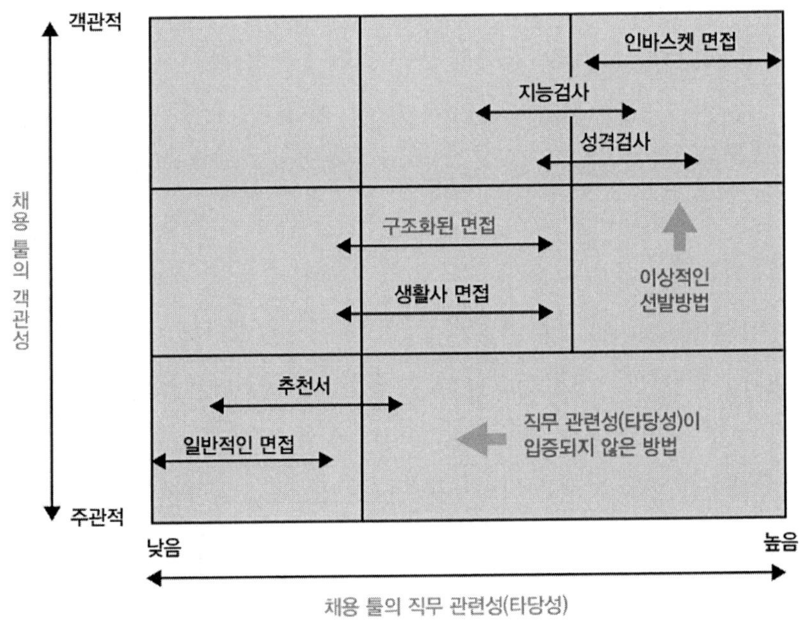

(6) 리쿠르팅(Recruiting)

리크루팅이란 인재를 모집, 또는 보충하는 것이며 기업의 채용활동의 하나로 인사부문 업무의 일부이다. 우리나라에서는 채용이라고 하면 당연히 신입채용이 주류를 이루었지만, 요즘은 경력채용도 많이 이루어지고 있다.

신입채용은 멤버십형 채용이라고도 하는데, 스킬이 없는 신입을 학력이나 인간성 등으로 선별하여 입사 이후에 일괄적으로 교육시키는 방법이다. 그 동안 일본과 우리나라의 신규채용 방식이었으며, 미국이나 유럽의 채용방법과는 확연히 달랐다. 최근 국내에서 현대그룹을 비롯하여 대기업들이 멤버십 채용을 지향하는 추세이다.

리크루팅은 3가지로 분류할 수 있다. 다이렉트 리크루팅(Direct Recruiting)은 기업이 취업 희망자를 직접 찾아내 채용하는 방법이고, 리퍼럴 리크루팅(Referral Recruiting)은 기업의 사내 기존사원의 인맥을 살려서 자사에 맞는다고 생각되는 우수한 인재를 소개받는 방법이고, 소셜 리크루팅(Social Recruiting)은 페이스북(Facebook)이나 트위터(Twitter), 인스타그램(Instagram) 등의 SNS를 이용한 채용방법이다.

이와 같이 기업이 필요로 하는 인재를 모집하거나, 또는 보충을 대행하여 주는 회사로는 인재파견 회사와 인재소개 회사가 있다. 인재파견 회사와 인재소개 회사의 차이는 취업시의 고용주가 누구인가에 따라 다르다. 인재파견 회사의 경우는 인재파견 회사가 고용주가 되어 파견을 하고, 인재소개 회사는 소개를 받아 취업하는 회사 즉 구인회사가 고용주가 된다.

그림10 | 인바스켓 테스트를 통한 인재소개

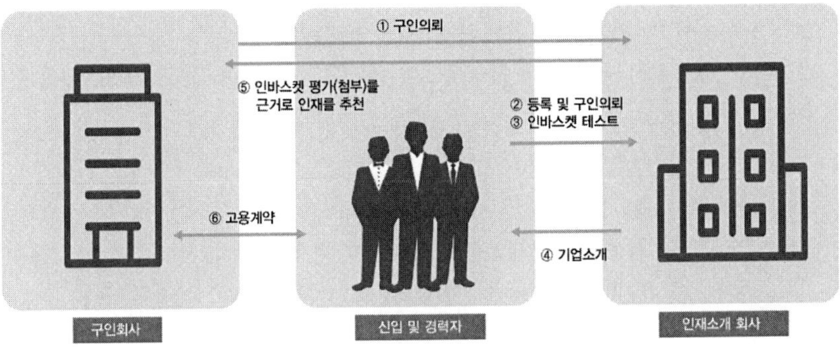

인재파견 회사는 계약을 맺고 특정분야의 전문인력을 일정기간 동안 기업측에 파견하는 사업으로 직접 스태프(신입 및 경력자)와 고용계약을 맺어 직장(파견처)에 파견하여 스태프로 취업시킨다. 기본적으로 파견사원을 직장에 알선하는 회사이다. 인재소개 회사는 구인회사(고객사)가 사원을 모집할 경우에 신입 및 경력자를 소개한다.

인재파견 회사는 스태프를 고용할 때, 그리고 인재소개 회사는 구인회사에 인재를 추천할 때에 인바스켓 테스트를 통해서 평가결과에 의하여 적합한 인재를 추천하면 구인회사가 원하는 인재를 채용, 선발할 수 있다. 이와 함께 고급인력을 알선해 주는 헤드헌팅업에서도 인바스켓을 활용함으로써 정확한 데이터에 의거하여 적합한 인재를 고객사에 추천하고 있다.

인바스켓 세미나 안내

Ⅰ. 세미나 목적

1. 극한 상황에서 제한된 시간 내에 업무처리 역량을 강화
2. 복잡하고 유동적인 환경에서 창의적으로 문제를 해결하여 업무수행에 필요한 역량을 강화

Ⅱ. 세미나에서 측정 및 육성할 수 있는 능력

1. 인바스켓 기법을 활용하여 문제발견력, 문제분석력, 창조력, 의사결정력, 통찰력, 기획조직력, 당사자의식, 휴먼스킬, 생산성, 우선순위 설정능력 등을 측정
2. 상기 능력에 대한 어세스먼트 시트(평가분석표) 제공(옵션)

Ⅲ. 세미나 특징

1. 조직의 특성에 맞는 역량을 체계적으로 교육
2. 비즈니스 게임(Business Game)을 하는 감각으로 교육효과 극대화
3. 교육대상자의 니즈에 따라 커스터마이즈(Customize) 교육 가능

Ⅳ. 세미나 효과

1. 어세스먼트 시트(평가분석표)를 활용한 자기계발
2. 인바스켓 사고의 생활화로 승진 및 생애(인생) 역량의 강화

Ⅴ. 인바스켓 세미나 스케줄

Module	Conducting Training	objectives
Warm-Up	▸Ice-Break ▸INBASKET Check In INBASKET Example INBASKET Background & Overview	동기부여 및 학습목표 제시

Module	Conducting Training	objectives
INTRO INBASKET TEST Evaluation	▶INBASKET TEST: 60분 ▶INBASKET TEST Reflection ▶INBASKET Evaluation & Feedback	업무처리 방식에 대한 점검과 평가
SIMULATION.1 (우선순위 설정과 판단)	▶Team Discussion: IBASKET TEST 우선순위 설정 ▶Group Discussion: Team IBASKET 우선순위 리스트 공유	우선순위가 업무처리 방식에 미치는 효과성 탐색
SIMULATION.1 (우선순위 설정과 판단)	▶Lecture & Group Thinking ▶Action Plan: Start-Stop-Continue 작성/공유	우선순위가 판단에 미치는 효과성 탐색 및 설정방법 습득
SIMULATION.2 (문제발견과 의사결정)	▶Team Example: IBASKET TEST 문제발견 및 해결 실습 ▶Group Discussion: Team 문제해결 절차 및 해결안 공유 ▶Lecture & Group Thinking	문제를 발견하고 해결하기 위한 프로세스 습득
SIMULATION.2 (문제발견과 의사결정)	▶Group Example: 현업 문제해결 실습 ▶Group Example Wrap-up	문제를 효과적으로 해결
SIMULATION.3 (업무처리의 패러다임 전환)	▶Lecture & Group Thinking: 업무처리 방식의 패러다임 ▶Peer Coaching	업무처리방식의 변화와 갈등해소
CLOSING	▶INBASKET 정리 및 기대사항 점검 ▶Workshop 정리 및 개인소감 공유	학습목표 평가 및 소감정리
OPTION PROGRAM	▶교육목적 및 대상자의 니즈에 따른 교육 모듈 삽입가능 ex) 창의력, 통찰력, 문제분석력, 의사결정력, 계획조직능력 등	Customization

Ⅵ. 상담 및 문의

(주)인바스켓코리아
INBASKET KOREA

홈페이지: www.inbasketkorea.kr
전화번호: 02-448-7790
팩스번호: 02-400-8052

저 자 약 력

설 동 조 (薛東朝)

학력

- 단국대학교 상경대학 경영학과
- 일본 긴끼(近畿)대학 대학원 상학연구과 석사과정
- 일본 긴끼(近畿)대학 대학원 상학연구과 박사과정

경력

- 현) (주)인바스켓코리아 대표
- 인바스켓 컨설턴트

저서

- 「실전경영분석(교우미디어)」

역서

- 「금융 e비즈니스 혁명」
- 「비정규업무 매뉴얼」
- 「미타라이 후지오의 신일본식경영」
- 「인바스켓 트레이닝」
- 「지금부터 당신이 사장을 하시오」 등

제4차 산업혁명 시대의 HRD 솔루션 **인바스켓 트레이닝**

초판발행 2020년 2월 20일

지은이 설동조 / **펴낸이** 오상훈
펴낸곳 교우미디어
주　소 서울시 동대문구 약령시로 8 교우빌딩 1층 교우미디어
전　화 02-925-2861, 02-925-2866 / **팩　스** 02-925-2860, **편집부** 02-925-2825
홈페이지&북스토어 www.kyowoo.co.kr / **이메일** kyowoo@kyowoo.co.kr

등　록 2011년 2월 7일 제305-2011-000007호
ISBN 979-11-85417-30-1 (13320)

Published by Kyowoomedia Printed in Korea

교우미디어는 보다 혁신적이고 참신한 도서를 다양하게 기획하고 있습니다.
책으로 펴내고자 하는 아이디어나 원고는 메일로 보내주세요.
교우미디어는 전과정을 책임지고 최선을 다하겠습니다.

값 12,000원

교우미디어는 (주) 교우의 Imprint 사입니다.
수학정원·과학정원은 (주) 교우의 새로운 브랜드명입니다.

잘못된 책은 구입하신 서점에서 교환해 드립니다.